교과서와 함께하는 신 사제 관용어

▲ 머리

- 고개를 못 들다 : 창피하거나 부끄러워 남을 떳떳하게 대하지 못하다.
- 골치 아프다 : 일을 해결하기가 성가시거나 어렵다.
- 머리를 맞대다 : 어떤 일을 의논하거나 결정하기 위하여 서로 마주 대하다.

▲ 눈

- 눈 깜짝할 사이 : 매우 짧은 순간.
- 눈도 깜짝 안 하다 : 조금도 놀라지 않고 태연하다.
- 눈에 밟히다 : 잊히지 않고 자꾸 눈에 떠오르다.
- 눈에 불을 켜다 : 몹시 욕심을 내거나 관심을 기울이다.
- 눈을 감아 주다 : 잘못을 알고도 모르는 체하다.
- 눈이 빠지도록 기다리다 : 몹시 애타게 오랫동안 기다리다.

▲ 입

- 입 다물다 : 말을 하지 않거나 하던 말을 그치다.
- 입 모으다 : 여러 사람이 같은 의견을 말하다.
- 입 씻다 : 이익 따위를 혼자 차지하거나 가로채고서는 시치미를 떼다.
- 입에 풀칠하다 : 근근이 살아가다.
- 입에 침이 마르다 : 다른 사람이나 물건에 대하여 거듭 말하다.
- 입이 가볍다 : 말이 많거나 아는 이야기를 참지 못하고 금방 옮기다.

▲ 어깨

- 낯이 뜨겁다 : 남
- 낯이 화끈거리다 : 얼굴이 화끈거릴 정도이다.

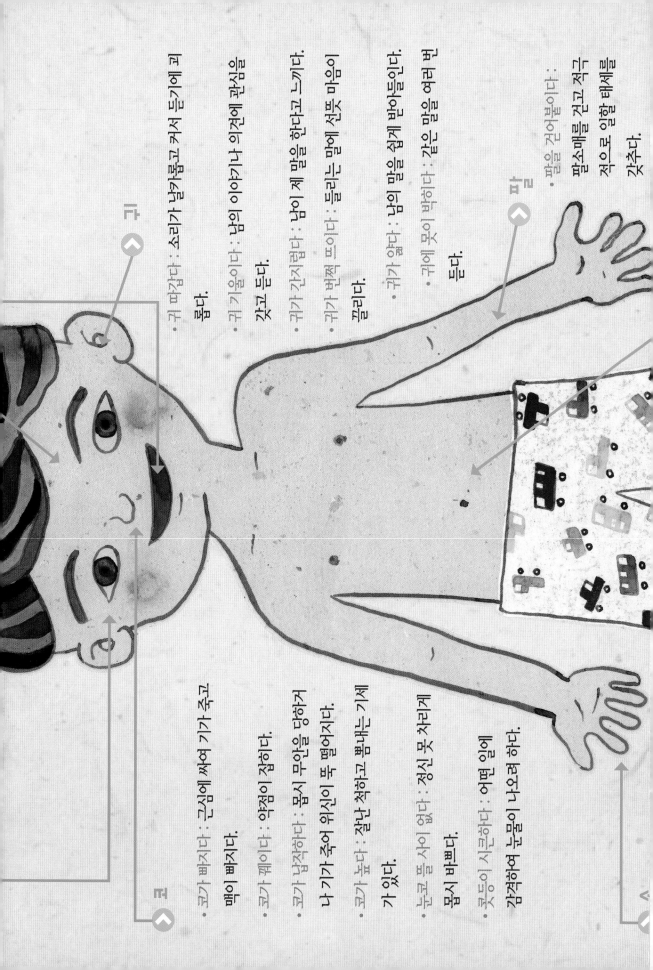

귀
- 귀 따갑다 : 소리가 날카롭고 커서 듣기에 괴롭다.
- 귀 기울이다 : 남의 이야기나 의견에 관심을 갖고 듣다.
- 귀가 간지럽다 : 남이 제 말을 한다고 느끼다.
- 귀가 번쩍 뜨이다 : 들리는 말에 선뜻 마음이 끌리다.
- 귀가 얇다 : 남의 말을 쉽게 받아들인다.
- 귀에 못이 박히다 : 같은 말을 여러 번 듣다.

코
- 코가 빠지다 : 근심에 싸여 기가 죽고 맥이 빠지다.
- 코가 꿰이다 : 약점이 잡히다.
- 코가 납작하다 : 몹시 무안을 당하거나 기가 죽어 위신이 뚝 떨어지다.
- 코가 높다 : 잘난 척하고 뽐내는 기세가 있다.
- 눈코 뜰 사이 없다 : 정신 못 차리게 몹시 바쁘다.
- 콧등이 시큰하다 : 어떤 일에 감격하여 눈물이 나오려 하다.

팔
- 팔을 걷어붙이다 : 팔소매를 걷고 적극 적으로 임할 태세를 갖추다.

귀가 번쩍
관용어,
무릎을 탁!
국어왕

차 례

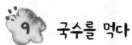

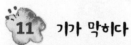

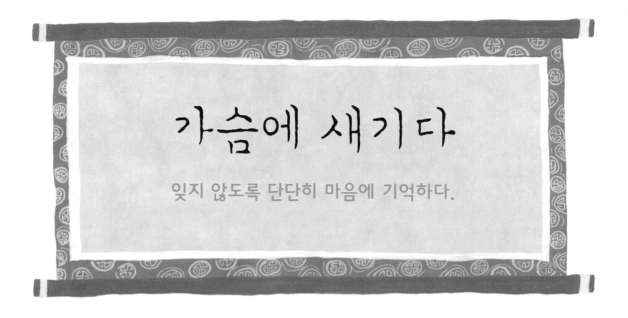

가슴에 새기다

잊지 않도록 단단히 마음에 기억하다.

설화 **썩지 않는 석류**

옛날 어느 마을에 모두가 한목소리로 칭찬을 하는 효심이 지극한 박경보라는 사람이 살았어요. 경보는 홀어머니를 모시고 살고 있었지요. 얼마나 효심이 깊은지, 경보가 사는 고을의 원님이 경보에게 쌀과 쇠고기를 상으로 내리며 경보의 효심을 칭찬한 적도 있었답니다.

그렇게 지극정성으로 어머니를 모셨지만 어머니는 언젠가부터 기침을 하시기 시작했어요. 그 기침은 한 번 시작하면 멈출 줄 모르고 계속 이어졌지요. 아무리 좋은 약을 써 봐도 소용이 없었어요. 그런데 오직 딱 하나, 석류즙을 짜 마시면 조금 진정이 되곤 했답니다. 그래서 경보는 해마다 좋은 석류를 여러 상자 구해서 창고 안에 가득 보관해 놓았어요. 하지만 석류는 과일이라 쉽게 썩었기 때문에 오래 보관하기가 어려웠죠.

'아아, 어머니의 기침을 멎게 하는 약이라고는 이 석류가 유일한데 도대체 어쩌면 좋지?'

한참을 고민하던 그는 석류 상자 앞면에 '어머니의 기침 병에 쓰는 약'이라고 쓰고, 뒷면에는 '아무리 추워도 얼지 말고 아무리 더워도 썩지 말 것.'이라고 써 놓았어요, 그러고는 이렇게 빌었죠.

"석류야, 석류야. 어머니께서 다 드실 때까지 제발 싱싱하게 있어라."

정말이지 신기한 일이 일어났어요. 창고 안 가득한 석류들이 경보의 어머니가 다 드실 때까지 한 개도 썩지 않았던 거예요.

그렇게 몇 년이 지난 어느 여름이었어요. 한 알, 한 알 아껴서 드렸지만 경보가 준비해 둔 석류는 동이 나고 말았답니다. 이제 막 석류 꽃이 떨어지고 있던 때라 열매가 익으려면 한참은 더 있어야 했기에 어디서도 석류를 구할 수 없었지요. 어머니의 기침은 날로 심해져만 갔어요.

"석류야, 석류야. 어서어서 익어서 우리 어머니 기침을 멎게 해다오."

기침을 하는 어머니를 보다 못한 경보가 집 앞의 석류나무를 어루만지면서 빌었어요. 경보는 울먹이면서 며칠 동안이나 석류나무를 향해 빌고 또 빌었답니다.

그런데 이상한 일이 생겼어요. 자그마한 석류 열매가 하루하루 쑥쑥 자라나는 게 아니겠어요? 석류 열매는 얼마 지나지 않아 빨

7

갖게 익었답니다. 잘 익은 석류는 마치 '어서 나를 따 가서 어머니께 드리세요.'라고 말하고 있는 것 같았어요. 경보는 매우 기뻐하며 얼른 열매를 따다가 어머니께 드렸답니다.

경보의 어머니는 그의 이런 지극한 보살핌 속에서 몇 년을 더 사시다가 돌아가시게 되었어요. 경보는 슬픔에 잠겨 3일 동안 아무것도 먹지 않았어요. 그리고 어머니의 무덤 앞에 움막을 짓고 3년 동안이나 살았지요.

후에 경보가 늙어서 세상과 작별할 때가 다가왔을 때, 경보는 눈앞에 앉아 있는 아들 3형제에게 말했어요.

"혹시라도 내 묘비에 효자라고 쓰지 말거라. 부모님께 더 잘해 드리지 못한 것이 이 순간의 유일한 한이니. 죽어서도 부모님을 봉양할 수 있게 우리 부모님 옆에 묻어다오."

그의 말을 들은 아들들은 경보의 지극한 효심을 가슴에 깊이 새기며 뜨거운 눈물을 흘렸답니다.

◎ '가슴에 새기다'는 '마음에 새기다'로 바꿔 쓸 수 있어요.

관용어, 이렇게 쓰여요!

● 백성을 위해 한글을 만든 세종 대왕. 세종 대왕의 이야기를 가슴 깊이 새기며 한글의 소중함을 깨달았어요.

● "전학을 가더라도 선생님께서 해 주신 말씀을 가슴에 새기고 열심히 공부할게요."

민담 찻잔의 비밀

옛날에 어느 도공이 진귀한 찻잔을 만든 후 그 비법을 남기지 못한 채 죽고 말았어요. 임금님은 세상에서 딱 하나뿐인 그 찻잔을 아주 아꼈답니다.

어느 날, 한 신하의 실수로 선반 위에 있던 찻잔이 굴러 떨어지고 말았어요. 찻잔은 산산조각이 나 버렸지요.

"이 찻잔을 원래대로 붙여 놓아라. 단, 붙인 흔적이 조금도 보여선 안 돼. 만약 흔적이 보인다면 너희의 목숨은 없는 것으로 알거라."

임금은 도공들에게 명령을 내렸어요. 너무나 어려운 임무를 받은 도공들은 100년이 넘게 살면서 물 항아리를 만들고 있는 할아버지에게 가 사정했어요.

"저희들은 도저히 찻잔을 되돌려 놓을 방법을 모르겠습니다. 도와주세요."

할아버지는 부서진 찻잔 조각을 들고 자기의 작업장으로 갔지요. 그리고 꼬박 1년이 흘렀을 때, 할아버지는 찻잔을 원래대로 돌려놓을 수 있었어요.

"오호, 정말 이어 붙인 흔적이 하나도 없구나. 대단한 기술을 가졌도다!"

임금이 좋아하며 말했어요. 목숨을 구한 도공들도 감사 인사를 했답니다.

"할아버지, 도대체 어떻게 아무 흔적도 없이 부서진 조각들을 이어 붙이신 거예요? 저한테만은 그 비법을 가르쳐 주세요, 제발."

할아버지의 손자가 물었어요. 할아버지는 빙그레 웃으며 말했어요.

"비법은 없단다. 그 찻잔은 새로 만든 찻잔이기 때문이야."

"네? 에이, 설마요. 그 찻잔은 아무도 만들 수 없는 찻잔이잖아요?"

"얘야, 사람은 누구든 자기가 좋아하는 일을 열심히 하다 보면 아주 뛰어나게 잘할 수 있는 날이 온단다. 기적처럼 말이야."

손자는 할아버지의 말을 가슴에 새기며 훌륭한 도공이 되겠다고 다짐했어요.

가시방석이다

앉아 있기에 아주 불안한 자리다.

설화 **남의 몸에 들어간 내 영혼**

옛날에 추천석이라는 노비가 살고 있었어요. 천석은 가난한 형편에 식구들을 먹여 살리느라고 늘 열심히 일했답니다. 어느 추운 겨울밤이었어요. 천석은 밤늦도록 새끼를 꼬고 있었지요. 그런데 그의 앞에 저승사자가 나타난 거예요.

"자, 이제 갈 때가 되었다. 나를 따라 나서거라."

"아이구, 안 됩니다. 아직 제 자식들이 너무 어린뎁쇼. 제발 한 번만 봐주시고 나중에 오시면 안 되나요? 흐흐흑……."

추천석이 울면서 사정해 보았지만 저승사자는 단호했어요. 천석은 곤히 자고 있는 자식들의 얼굴을 한 번 쓰다듬고는 저승길에 올라 염라대왕의 앞에 가게 되었어요.

"왔느냐? 아직도 울고 있구나. 너는 양반으로 태어나 사는 동안 행복하게 살았으니, 일찍 이곳으로 왔다고 너무 슬퍼하진 말거라."

"네? 무슨 말씀이신지요? 저는 노비입니다요."

천석의 말에 염라대왕은 깜짝 놀라 저승 명부를 확인해 보았어요.

"오호, 이런. 저승사자가 실수를 했구나. 한날한시에 태어난 추천석이 둘이로고! 속히 이자를 돌려보내고 양반 추천석을 데려오도록 하라."

이렇게 해서 천석은 다시 집으로 돌아갈 수 있게 되었답니다. 하지만 이게 웬일인가요? 천석의 집에서는 벌써 장례를 치르고 난 뒤였어요. 천석의 영혼이 들어가야 할 몸은 이미 무덤 속에 들어가고 없었지요.

'이 일을 어쩌면 좋단 말인가? 이대로 구천을 떠도는 영혼이 될 수는 없는데. 오, 옳지! 그러면 되겠구나!'

슬픔 속에 자기 무덤 주변을 서성거리던 천석은 양반 추천석이 생각났어요. 저승사자가 지금 양반 추천석을 데리러 갔다면, 아직 장례를 치르진 않았을 것이라는 생각이 든 것이었어요. 천석은 부리나케 양반 추천석이 있는 곳으로 갔어요.

양반 추천석의 집은 양반집답게 으리으리한 기와집이었어요. 안방으로 가니 죽은 양반 추천석이 누워 있고, 그 곁에선 부인과 아이들이 울고 있었지요. 천석의 영혼은 양반 추천석의 몸 안으로 미끄러지듯 들어갔어요.

"그만 우시오. 나는 다시 살아났소."

천석이 몸을 일으켜 앉으며 말했어요.

"어머나, 여보! 이게 어찌된 일이에요? 당신이 살아나다니요? 하느님,

감사합니다!"

"아버지, 다시 죽는 거 아니지요? 죽지 마세요!"

부인과 아이들은 양반 추천석이 살아 돌아온 줄만 알고 뛸 듯이 기뻐했어요. 노비 천석의 영혼이 들어 있는 줄은 꿈에도 모르고 말이죠. 천석은 사실대로 말할 수 없어서 가시방석이었지만 어쩔 수 없이 양반 추천석인 척 행세하며 지냈어요.

넓은 집과 좋은 옷, 맛있는 음식들까지, 처음에 천석은 이렇게 양반으로 사는 것도 괜찮다고 생각했지만, 그 생각은 오래가지 못했죠. 자신의 진짜 부인과 아이들이 보고 싶었기 때문이에요. 천석은 이대로 계속 양반 추천석으로 지낼 수 없다고 여겨 사실을 털어놓기로 했어요.

"제 말을 잘 들으십시오. 저는 양반 추천석이 아니라 노비 추천석이옵니다. 지금 사정이 있어서 제가 이분의 몸을 빌려 있지만……."

"당신, 죽었다 살아온 뒤로 정신이 오락가락하시는군요."

양반 추천석의 부인은 천석을 걱정스러운 눈으로 바라보며 말했어요. 아무리 자신은 양반 추천석이 아니라 노비 추천석이라고 말해도 믿어 주는 사람이 없었지요.

'내 진짜 부인과 아이들은 무얼 하고 있을까?'

천석은 예전 자기의 진짜 집에 가 보기로 했어요. 낡고 작은 초가집 담장 앞에 멈춰선 천석은 낮은 돌담 너머로 마당 안을 몰래 바라보았어요. 마침 천석의 부인은 평상에서 빨래를 개고 있었고, 아이는 새끼를 꼬고 있

었답니다.

"우리 아들, 참 잘하는구나. 새끼를 꼬는 솜씨가 꼭 아버지를 닮았어."

"어머니, 아버지께선 지금쯤 하늘나라에서 잘 지내고 계시겠죠?"

부인과 아이의 대화를 들은 천석은 당장이라도 앞으로 가서 당신 남편이 살아 있다고, 네 아버지가 여기 있다고 말하고 싶었지만 그럴 수가 없었어요. 부인과 아이의 눈에 자신은 양반 추천석으로 보일 테니까요.

'양반이 되어 몸 편히 살면 좋겠다 생각했지만, 이건 살아도 사는 게 아니구나. 내가 무슨 수로 원래의 나로 돌아간단 말인가?'

천석은 쏟아지는 눈물을 참으며 발길을 돌릴 수밖에 없었답니다.

◎ 가시로 만든 방석 위에 앉아 있다고 상상해 보세요. 엉덩이가 따끔거려 제대로 앉아 있을 수 없을 거예요. 이처럼 가시방석은 '힘들 만큼 불편한 상황이나 자리'를 뜻한답니다.

관용어, 이렇게 쓰여요!

● 몰래 커닝을 한 학생들은 선생님의 엄한 꾸짖음에 모두 가시방석이었다.

● "같이 간 친구들이 계속 싸우는 통에 재미있기는커녕 여행 내내 가시방석이었지 뭐야."

가시방석의 또 다른 말, 바늘방석

바늘방석은 바늘겨레라는 말에서 비롯된 말이에요.

바늘겨레는 헝겊 속에 솜이나 머리카락을 넣어 바늘을 꽂아 두게 만든 바늘꽂이인데요. 이 바늘겨레가 작아서, 있는 줄 모르고 깔고 앉으면 매우 아프기 때문에 불안한 물건을 의미하게 되었다고 해요. 그래서 앉아 있기에 불안한 자리나 마음이 불편한 분위기를 비유하는 말로 바늘방석이라는 말을 사용한답니다.

방석이 들어가는 다른 말로는 '돈방석에 앉다'라는 말이 있어요. 이 말은 '매우 많은 돈을 갖게 되다'라는 뜻으로, 많은 돈을 벌어 부자가 된 사람에게 쓰여요. 이 돈방석이라는 말의 어원이 참 재미있는데요.

우리나라에서는 고려 때 처음으로 동전을 만들었지만 조선 후기 때까지도 물물교환이 더 성행했다고 해요. 물물교환의 대표 물품은 베와 쌀이었는데요. 베는 우리가 입는 옷을 만드는 재료고 쌀은 중요한 식량이었기 때문에 물물교환의 대표 물품이었다고 해요.

이때 화폐로 쓰이는 베는 양쪽 끝에 관인을 찍은 후 돈으로 사용했다고 하는데 사람들이 재미 삼아 이것을 방석처럼 깔고 앉아서 돈방석이란 말이 유래되었다고 해요.

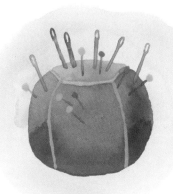

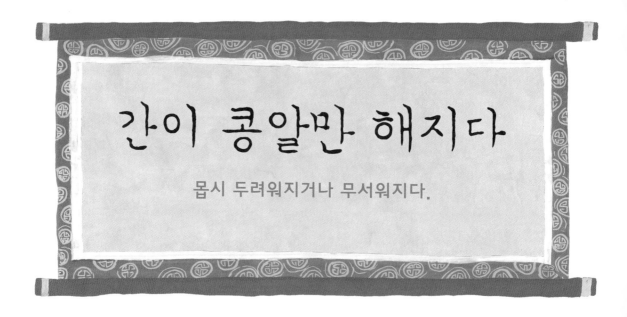

간이 콩알만 해지다

몹시 두려워지거나 무서워지다.

 삼국유사 귀신도 벌벌 떠는 비형랑

옛날에 도화랑이라는 여인이 살고 있었어요. 도화랑은 신라에서 제일가는 미녀로 소문이 자자했답니다. 왕도 그녀의 아름다움에 반해 버리고 말았지요. 왕은 도화랑을 자신의 곁에 두고 싶어 했지만 도화랑에게는 이미 남편이 있었어요. 그런데 얼마 지나지 않아 왕도 죽고 도화랑의 남편마저 죽게 되었답니다. 남편이 죽은 지 딱 열흘째 되던 날 밤이었어요.

"눈을 떠 보아라. 내가 누군지 알아보겠느냐?"

도화랑은 낯선 목소리에 잠에서 깨어났어요.

"너를 잊지 못해 찾아왔다. 이제 너의 곁에는 남편이 없으니."

왕의 영혼은 도화랑의 곁에 머물며 시간을 보냈어요. 그렇게 즐거운 날들을 보낸 뒤 7일째 되던 날, 왕의 영혼은 하늘로 사라지고 말았지요. 그리고 도화랑은 아기를 갖게 되었답니다. 도화랑은 아주 건강한 사내아이를 낳고 이름을 비형랑이라고 지었어요.

비형랑은 재주가 뛰어난 사람으로 자라났어요. 비형랑이 15세가 되던 해, 그의 재주를 알아본 진평왕은 비형랑에게 궁의 여러 가지 잡일들을 처리하는 집사라는 벼슬을 주었어요.

그런데 비형랑에게는 한 가지 이상한 점이 있었어요. 밤이면 어딘가로 사라져서 놀다가 새벽녘이 되어서야 궁으로 돌아오는 것이었죠.

"비형랑이 어디에 가서 무엇을 하는지 자세히 알아보라."

비형랑의 행동을 이상하게 여긴 왕은 날쌘 군사 50명에게 비형랑을 지키도록 명을 내렸어요. 숨어서 비형랑을 지켜보던 군사들은 깜짝 놀라고 말았어요. 궁궐의 담을 넘은 비형랑이 귀신 무리들과 어울려 노는 게 아니겠어요? 신나게 놀던 비형랑은 새벽을 알리는 절의 종소리에 궁으로 다시 돌아왔어요. 함께 놀던 귀신들도 사라졌지요.

"네가 귀신과 노는 것이 정녕 사실이냐?"

왕이 비형랑을 불러다가 물었어요. 비형랑은 그렇다고 대답했어요.

"그러면 귀신들을 시켜서 신원사 북쪽 시내에 다리를 놓게 하라."

비형랑은 왕의 명에 따라 귀신들에게 다리를 놓으라고 시켰어요.

"비형랑의 부탁이니 솜씨를 발휘해 볼까나?"

귀신들이 모두 힘을 모았어요. 그랬더니 정말 하룻밤 사이에 사람들이 지나다닐 수 있는 튼튼한 다리가 놓였답니다. 왕은 그 다리를 귀신 다리라 하여 귀교라고 이름 붙였어요.

어느 날 왕이 비형랑에게 물었어요.

"네가 아는 귀신 중에 나라에 도움이 될 만한 자가 있느냐?"

"네. 있습니다. 길달이란 자이옵니다."

왕은 길달을 궁으로 데려오게 했어요. 그리고 길달도 궁에서 일하도록 했어요. 처음에 길달은 충성스럽기 그지없어서 왕의 믿음을 한몸에 받았지요. 하지만 어느 날 길달은 왕과 비형랑을 배신하고 여우로 둔갑해서 도망을 치고 말았어요.

"길달 네 이놈, 내 너를 아꼈거늘 감히 날 배신하고 도망치다니. 가만두지 않을 것이다!"

화가 난 비형랑은 다른 귀신을 시켜 길달을 잡아 없앴어요. 그 소문을 들은 귀신들은 그때부터 비형랑이라는 이름만 들어도 간이 콩알만 해져서 줄행랑을 쳤답니다.

◎ 옛날 사람들은 간이 몸의 활력을 만들어 내는 장기라고 생각했어요. 그래서 겁을 먹으면 활력도 사라져 간도 쪼그라든다고 믿었던 거죠. 여기서 '간이 콩알만 해지다'라는 말이 생긴 거예요. 반대로 용감한 사람에게는 '간이 크다'고 해요.

관용어, 이렇게 쓰여요!

● 남의 집 담을 넘으려던 도둑은 경찰의 호루라기 소리에 간이 콩알만 해져서 도망을 쳤어요.

● "앞집 개가 너무 사나워서 그 앞을 지나갈 때마다 간이 콩알만 해지는 것 같아."

이름만으로 귀신을 퇴치한 비형랑

여러분은 집 안에 귀신이 들어와 있을지도 모른다는 생각을 해 본 적이 있나요? 만약 내가 편히 숨 쉬는 방 안에 들어와 나를 해코지한다고 생각하면 정말 겁나는 일이 아닐 수 없겠죠?

신라 사람들 중에서도 귀신을 무서워하면서 이런 상상을 했던 사람들이 있었나 봐요. 비형랑이 귀신 길달을 죽인 후에, 사람들은 혹시라도 있을지 모를 귀신을 쫓아내기 위해 다음과 같은 글귀를 지어 자기 집 문 앞에 걸어 두었대요.

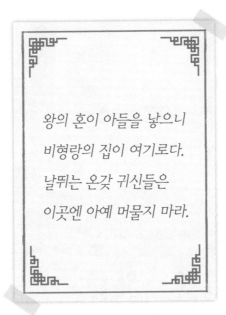

왕의 혼이 아들을 낳으니
비형랑의 집이 여기로다.
날뛰는 온갖 귀신들은
이곳엔 아예 머물지 마라.

그러니까 이 글귀가 귀신을 쫓아내는 부적이었던 셈이지요. 비형랑이 지금 이 세상에 태어났다면 어떤 직업을 가졌을까요? 아마 귀신을 쫓는 퇴마사가 아니었을까요?

감투를 쓰다

벼슬자리나 높은 지위에 오르다.

일화 양반 처녀와 노비 총각의 사랑

옛날에 어느 마을에 만강이라는 노비가 살고 있었어요. 만강은 어린 시절부터 총명하다고 소문이 자자했답니다.

"어허, 안타까운지고. 양반의 자식이었다면 장차 나라의 큰일을 맡을 인물이 되었을 것을."

만강이 사는 마을에 글공부를 가르치는 훈장님은 만강의 처지를 안타까워하며 말했어요.

"스승님, 제가 과거 시험을 볼 길이 정말 없을까요?"

"과거는 양반만이 볼 수 있질 않느냐? 도와줄 수 없어서 미안하구나."

"두고 보세요. 저는 꼭 양반이 되어서 과거 시험을 보고 벼슬길에 오를 것입니다."

만강은 굳은 결심을 하고 건넛마을에 있는 최 진사의 집으로 향했어요. 최 진사의 집안 사람들은 모두 역적으로 몰려 죽임을 당하고, 그 집에는 최 진사의 딸 하나만이 겨우 목숨을 건진 채 혼자 살고 있었어요.

"아씨, 나와 결혼해 주십시오. 저는 정말 양반이 되어 벼슬을 하고 싶습니다."

"안 돼. 나는 역적의 딸이야. 나와 살다가 들키면 넌 목숨마저 위험해질 거야."

"그럼 양반이 되는 방법이 정말 없을까요?"

만강은 몹시 간절한 표정으로 아씨에게 물었어요. 아씨는 잠시 고민한 끝에 만강에게 말했어요.

"그럼 딱 한 가지 방법이 있다."

아씨는 방 안으로 들어가더니 책자 하나를 가지고 나와 만강에게 내밀었어요.

"내 외갓집의 족보다. 내 외갓집이 영월 엄씨니라. 이걸 가지고 가서 엄씨 행세를 하면 양반이 될 수 있을 거야."

"아씨, 정말 고맙습니다. 아씨의 은혜 잊지 않겠습니다."

만강은 족보를 가지고 강원도 영월로 갔어요. 만강은 자기 이름을 '엄택주'로 고치고 본격적으로 영월 엄씨의 후손인 것처럼 행동했지요. 그리고 그토록 바라던 과거 시험에 응시해 당당히 급제를 했어요. 택주는 마침내 연일이라는 지방의 원님이 되었답니다.

"드디어 내가 감투를 쓰게 되었구나! 벼슬을 하게 되었어! 하하하."

택주의 마음은 기쁨으로 가득했어요. 영월 고을의 엄씨 일가들은 큰 잔치를 열어 축하해 주었답니다.

택주는 연일의 원님으로 부임한 후, 정성을 다해 행정을 돌보았어요. 백성들의 억울한 사연을 해결해 주는 것은 물론, 어려운 생활을 도와주는 데 앞장섰어요. 진심을 다해 주어진 임기를 끝낸 후 택주는 마을의 훈장을 하며 여유롭게 지냈지요.

'가만, 나에게 외갓집 족보를 주었던 아씨는 어떻게 되었을까?'

택주는 그동안 바쁘게 사느라 까맣게 잊고 지냈던 고향의 아씨가 떠올랐어요. 그래서 그 길로 아씨가 살고 있는 곳으로 가 보았어요.

"아씨, 나를 알아보겠소? 나 만강이오."

아씨를 한눈에 알아본 만강이 말했어요.

"오오, 진짜 만강이더냐? 그래, 과거 시험은 보았는가?"

"이름을 엄택주로 고치고 급제해서 벼슬을 지냈소. 다 아씨 덕이오."

10여 년 만에 만난 택주와 아씨는 반가움에 오래도록 이야기를 나누었

어요. 그 후로도 종종 만나서 서로의 안부를 물으며 지냈답니다. 그런데 그때, 나라에 이상한 소문이 돌기 시작했어요. 어느 노비가 양반 행세를 하면서 벼슬을 지내고, 양반집 처자와 사랑에 빠졌다는 소문이었지요.

택주는 애써 태연하려고 노력했어요. 하지만 상황은 더 나빠지기만 했고, 이 소문은 임금의 귀에까지 들어가게 되었어요. 임금은 양반 행세를 한 노비가 누군지 철저히 조사하라고 명을 내렸고, 결국 택주는 임금 앞에 불려가게 되었어요.

"네가 엄씨 양반 행세를 한 노비 만강이 맞더냐?"

"네, 그러하옵니다."

"그렇다면 네가 양반집 처자를 마음에 두었다는 것이 사실이냐? 그 처자는 역적의 딸로 지금은 비록 천민이 되었으나 한때는 양반의 자손이었느니라."

"아니옵니다. 아씨께서는 아무 잘못이 없습니다. 아씨만 살려 주신다면 무엇이든 하겠습니다."

"전하, 저 노비 놈과 그 역적의 딸을 살려 두어서는 아니되옵니다! 엄한 처벌을 내리시옵소서!"

신하들은 모두 한목소리로 택주와 아씨를 처형해야 한다고 나섰어요. 하지만 임금의 생각은 신하들과 달랐어요.

"비록 법을 어기고 양반 행세를 했다 하나 이자가 연일 고을의 원님이었을 때 그 고을 백성들은 참으로 살기 좋았다고 하였다. 이자는 자기 욕심에 양반이 되고자 하기보단 백성들을 위했으니 목숨만은 살려 주고자 한다. 또한 그 역적의 딸은 이미 가족이 다 죽고 홀로 벌을 받고 있는 몸,

벌을 또 주는 것은 너무 가혹한 일이다."

"전하, 성은이 망극하옵니다."

택주는 눈물을 흘리며 임금께 큰절을 올렸어요. 그리고 노비 만강으로 되돌아왔지요. 하지만 다시 노비 만강이 되었다고 슬프지는 않았어요. 자기 때문에 목숨을 잃을 뻔했던 아씨가 무사했기 때문이에요. 만강은 아씨를 찾아가 보고 싶었지만, 사람들의 시선 때문에 그럴 수 없었어요.

'아씨, 오래오래 건강하게, 잘 지내셔야 해요.'

만강은 달 밝은 밤이면 아씨를 생각하면서 아씨의 행복을 빌었답니다.

◎ 감투는 말총이나 가죽, 헝겊 등으로 만든 관모를 말해요. 이 감투는 벼슬을 하는 사람만 쓰고 평민들은 쓰지 못했어요. 그래서 '감투를 쓰다'라는 말이 '벼슬자리나 높은 지위에 오르다'라는 의미로 쓰이게 된 것이랍니다.

관용어, 이렇게 쓰여요!

● 놀림만 받던 바보 온달이 장군이라는 감투를 쓰게 되자, 온달을 놀리던 사람들은 깜짝 놀랐어요.

● "전교 어린이 회장이 되다니, 우리 아들 정말 대단한 감투를 썼구나!"

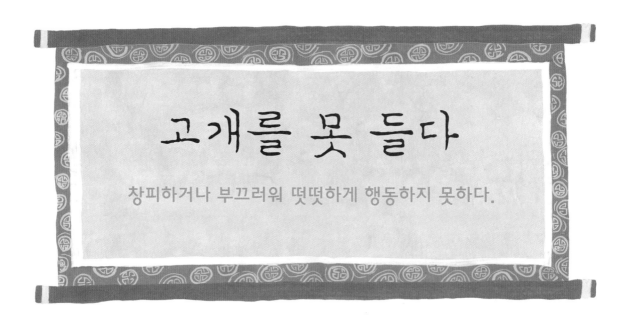

고개를 못 들다

창피하거나 부끄러워 떳떳하게 행동하지 못하다.

 탈무드 못생긴 랍비와 포도주

어느 마을에 학식이 높고 뛰어난 랍비가 살고 있었어요. 그는 어질고 착하기까지 했답니다. 이렇게 훌륭한 랍비에게 한 가지 아쉬운 점이 있었어요. 바로 얼굴이 너무너무 못생겼다는 것이었지요. 하지만 이 랍비는 제자들을 가르칠 때도 유머를 섞어서 잘 가르쳤기 때문에 따르는 제자들이 많았답니다. 어느 날 랍비는 황후의 초대를 받아 성으로 가게 되었어요. 황후가 사는 로마 황궁은 눈이 부시게 화려한 곳이었지요.

"어서 오세요, 선생. 선생의 학식이 훌륭하다고 소문이 자자하여 내가 잠시 이야기를 나누고자 이렇게 초대를 하게 되었어요."

"초대해 주셔서 영광입니다, 황후마마."

황후가 시녀에게 눈짓을 하자 시녀가 포도주 한 병과 잔을 들고 왔어요. 황후와 랍비는 포도주를 마시면서 이런저런 이야기들을 나누었어요. 얼마쯤 시간이 흘렀을 때였어요.

  "그런데 선생, 그대의 지혜는 정말이지 못생긴 그릇에 담겨 있네요."

  황후가 랍비의 못생긴 외모를 비꼬며 말하는 게 아니겠어요? 하지만 랍비는 당황하지 않고 웃으며 대꾸했어요.

  "황후마마, 제가 질문 하나 해도 되겠습니까?"

  "얼마든지요."

  "황후마마께서는 이 맛 좋은 포도주를 어느 그릇에 담그시나요?"

  "그거야 당연히 나무통에 담그지요."

  "이렇게 훌륭한 포도주를 보잘것없는 나무통에 담그다니요? 이 성 안에는 나무통보다 더 멋진 금 그릇, 은 그릇이 많이 있지 않습니까?"

  랍비의 말을 들은 황후는 랍비의 말이 맞다고 생각했어요. 그 즉시 황후는 하인들을 시켜서 금 그릇과 은 그릇에 포도주를 담그도록 했답니다. 하지만 이게 웬일인가요? 금 그릇과 은 그릇에 담근 포도주는 얼마 가지 않아 맛이 변하고 말았어요. 그리고 황제가 이 사실을 알게 되었죠.

  "대체 어찌 된 일이냐? 포도주 맛이 왜 이런지 대답을 해 보아라!"

  황제가 화를 버럭 내며 물었지만, 신하들은 아무 대답도 하지 못한 채로 황후의 얼굴만 쳐다보았어요.

  "제가 그렇게 하라고 시켰습니다. 황제께서 드시는 훌륭한 포도주이니 나무통보다는 그게 더 좋을 것 같아서요."

  황후가 나서서 대답했어요.

"금 그릇과 은 그릇은 포도주의 맛을 변하게 한다는 걸 몰랐소?"

"그, 그게…… 죄송합니다, 폐하."

황제와 신하들 앞에서 호된 망신을 당한 황후는 화가 나서 참을 수가 없었어요. 즉시 성 안으로 랍비를 불러 들여서 따져 물었답니다.

"당신같이 학식 높은 사람이 금 그릇과 은 그릇에 포도주를 담그면 포도주 맛이 변한다는 걸 몰랐을 리 없어요. 왜 그렇게 하라고 한 거죠?"

랍비는 황후의 화난 모습에도 당황하지 않고 침착하게 대답했어요.

"황후마마, 저는 훌륭한 것도 때로는 보잘것없는 그릇에 담아 두는 게 좋을 때가 있다는 걸 가르쳐 드리고 싶었습니다."

이 말을 들은 황후는 망치로 머리를 맞은 듯했어요. 자기가 랍비의 못생긴 외모를 두고 비웃었던 일이 떠올랐거든요. 황후는 부끄러운 나머지 차마 고개를 들지 못했답니다.

◎ 너무 창피하면 얼굴이 빨개져요. 그러면 그 얼굴을 들키기 싫어 고개를 푹 숙이게 되죠. 이럴 때 '고개를 못 들다'라는 표현을 써요. '얼굴을 못 들다'로 바꿔 쓸 수 있어요.

관용어, 이렇게 쓰여요!

● 다른 친구한테 짝꿍의 험담을 하다 들킨 희준이는 고개를 들지 못했어요.

● "너 학교에서 자꾸 말썽 피우고 다닐래? 누나가 너 때문에 창피해서 고개를 못 들고 다니잖아."

28

어느 랍비가 저녁 식사 준비에 한창이었어요. 집에 제자를 초대했기 때문이에요. 식탁 위에는 제자를 위해 준비한 먹음직스러운 음식이 가득했답니다.

"선생님, 안녕하세요? 초대해 주셔서 감사합니다."

랍비의 제자가 인사를 하며 집 안으로 들어왔어요.

"그래, 배고프지? 어서 손을 씻고 식탁 앞에 앉으렴."

제자가 식탁 앞에 앉자 랍비는 그동안 자기가 제자에게 가르친 걸 시험해 보고 싶었어요.

"잠깐. 밥 먹기 전에 기도부터 해야지. 자, 식사 기도문을 외워 보렴."

랍비가 말하자 제자는 식사 기도문을 외우기 시작했어요. 하지만 제자는 조금 밖에 외우지 못하고 더듬거렸어요.

"도대체 그동안 뭘 배운 거냐? 식사 기도문 하나 제대로 외우지 못하다니."

랍비가 제자를 꾸짖었어요. 제자는 랍비의 야단에 맛있는 음식도 제대로 먹지 못하고 서둘러 집에서 나왔답니다.

며칠 후, 랍비는 우연히 제자의 친구를 만나 제자에 대한 이야기를 들었어요.

"그 친구는 정말 훌륭한 친구예요. 가난한 사람들에게 자기가 힘들게 일해서 번 돈을 나눠 주기도 하고요. 병든 사람을 보면 바로 달려가서 도와주기도 해요. 그럴 듯한 말보다는 행동이 먼저인 친구예요."

이 말을 들은 랍비의 얼굴이 새빨갛게 달아올랐어요.

"맙소사. 내가 실수를 했구나. 긴 기도문만 줄줄 외우면 뭘한담? 결국 그걸 행동으로 옮기지 못하면 아무 소용이 없는 걸."

랍비는 제자를 대했던 자신의 행동이 부끄러워 고개를 들 수 없었답니다.

골치 아프다

일을 해결하기가 성가시거나 어렵다.

일화 알렉산더와 고르디우스의 매듭

아주 먼 옛날, 프리기아라는 나라가 있었답니다. 그런데 프리기아는 나라 안의 사람들이 서로 싸우면서 큰 혼란과 불안에 휩싸여 있었어요.

"이륜마차를 타고 오는 자가 이 나라의 왕이 될 것이다."

어느 날, 신의 예언이 있었지요. 이때, 고르디우스라는 한 농부의 아들이 이륜마차를 타고 나타났어요. 당시에 이륜마차는 몹시 드물었기 때문에 사람들은 그를 왕으로 추대했어요. 신의 예언대로 고르디우스는 고르디움이라는 수도를 세우고 프리기아의 왕이 되었답니다. 고르디우스는 왕이 된 것을 기념하기 위해 자기가 타고 온 이륜마차를 신전의 기둥에 묶어두었어요. 엄청 복잡하고 풀기 어려운 매듭을 지어서 말이죠.

"이 매듭을 푸는 자, 아시아의 왕이 될 것이다."

고르디우스가 왕이 되기 전처럼, 또 한 번 신의 예언이 있었답니다.

이 매듭을 풀기만 하면 아시아 대륙의 왕이 된다고 하니, 수많은 사람들이 앞다투어 매듭 풀기에 나섰지요. 하지만 누구도 매듭을 풀지 못했어요. 매듭은 풀려고 하면 할수록 점점 더 꼬여만 갔답니다.

"대체 이 매듭을 풀 자는 누구일까? 누가 아시아의 왕이 되는 거냐고!"

오랜 시간이 흐르는 동안에도 풀리지 않는 매듭 앞에서 사람들은 점점 지쳐만 갔어요.

그렇게 수백 년이 흐른 뒤의 어느 날이었어요. 그리스 연합군을 이끌고 동방 원정길에 나선 알렉산더 대왕이 고르디움을 지나가게 되었지요. 알렉산더 대왕도 고르디우스 매듭의 전설에 대해 알고 있었기에, 이 매듭이 있는 신전으로 향했답니다.

"오, 정말 끔찍하게 복잡한 매듭이다."

상상했던 것보다 훨씬 더 풀기 어려워 보이는 매듭을 본 알렉산더 대왕은 고민에 빠졌어요.

'나는 꼭 아시아의 왕이 될 것이다. 이 매듭을 풀어야만 왕이 된다면, 좋다, 이렇게 할 수밖에.'

고민하던 알렉산더 대왕은 허리에 차고 있던 긴 칼을 꺼내 복잡하게 얽힌 매듭을 뎅강, 잘라 버렸답니다. 주위에 있던 사람들은 모두 깜짝 놀라 입을 다물지 못했어요. 수백 년 동안 많은 사람의 골치를 아프게 했던 매듭이 칼 하나에 힘없이 잘려 나갔으니까요.

"풀기가 아주 어려운 문제를 만났을 땐 가장 단순한 방법이 가장 좋은 해결책이 될 수 있다."

알렉산더 대왕이 사람들에게 말했어요. 그리고 그는 신의 예언대로 아시아의 왕이 되었답니다.

◎ 골치는 머리, 또는 머릿골을 뜻하는 말이에요. 즉, '골치가 아프다'는 말은 '머리가 아프다'는 말과 같겠지요. 그런데 골치의 어원을 살펴보면 골은 머리를, 치는 이를 의미했다고 해요. 얼마나 고민이 되면 머리와 이까지다 아팠을까요?

관용어, 이렇게 쓰여요!

● 친구에게 들어주기 힘든 부탁을 받은 희준이는 골치가 아팠어요.

● "아무리 풀어도 정답이 안 나오는 수학 문제 때문에 정말이지 골치 아파 죽겠어."

고르디우스 매듭의 의미

　이 일화 이후로 지금까지 '고르디우스의 매듭'이라는 말은 '누구도 해결하기 어려운 문제' 또는 '대담한 방법을 써야만 풀 수 있는 문제'라는 의미로 통해요. '고르디우스의 매듭을 풀다'라는 말은 '어려운 문제를 해결했다'는 의미로 쓰이고요.

　매듭을 자른 뒤 아시아의 왕이 된 알렉산더 대왕은 그 후 어떻게 살았을까요? 매듭을 자른 알렉산더는 중앙아시아를 거쳐 인도까지 진출하여 유럽, 아시아, 아프리카 세 대륙에 걸쳐 대제국을 건설했어요. 하지만 알렉산더 대왕은 33세라는 젊은 나이에 죽고 말았답니다. 알렉산더 대왕이 죽고 난 뒤 그가 세운 대제국은 네 개 나라로 분열되고 말죠. 이렇게 된 건 그가 매듭을 풀지 않고 잘라 버렸기 때문이라고 하는 사람들도 있답니다.

　여러분은 어떻게 생각하나요? 어려운 매듭을 끝까지 풀려고 하는 게 맞는 선택일까요, 아니면 잘라 내는 것이 더 좋은 선택일까요? 만약 알렉산더 대왕이 매듭을 잘라 내지 않고 풀어 냈다면 알렉산더 대왕의 대제국은 어떻게 되었을까요? 선택이란 항상 중요하고 어려운 문제 같아요.

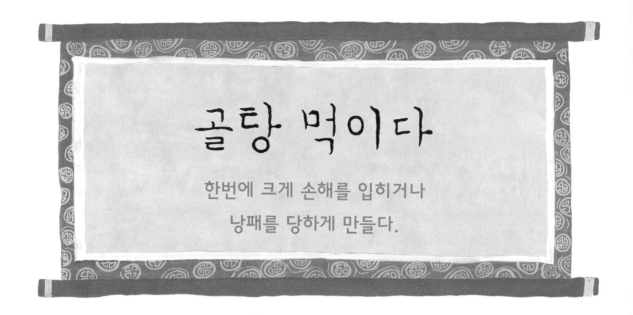

골탕 먹이다

한번에 크게 손해를 입히거나
낭패를 당하게 만들다.

민담 형의 복수를 위해 나선 동생

옛날에 어느 작은 시골 마을에 가난한 형제가 살고 있었어요. 늘 부족한 돈 때문에 고민하던 형은 큰 마을에 가서 돈을 벌어 오기로 했지요. 그런데 큰 마을로 일을 하러 갔던 형이 오히려 1,000루블이나 되는 큰 빚만 지고 집으로 돌아온 게 아니겠어요?

"그 부자가 자기 집에서 일하려면 한 가지 조건에 동의해야 한다는 거야. 처음엔 그게 이상한 건지 몰랐거든."

"그 조건이 뭔데?"

"우선 뻐꾸기가 우는 봄까지는 그 집에서 일을 해야 하고, 일을 하는 동안에는 절대 화를 내선 안 돼. 단 한 번이라도 화를 낸다면 그 부자에게 벌금으로 1,000루블을 줘야 하지. 만약 1,000루블이 없다면 10년 동안 품삯 없이 공짜로 일해야 돼. 그런데 반대로 부자가 나한테 화를 내게 된다면 부자 역시 나한테 1,000루블을 주겠다는 거야. 생각해 보니 내가 절대 화만 내지 않으면 되겠구나 싶었고, 또 만약 운이 좋아서 부자가 화를 내게 되면 공짜로 1,000루블이 생기니까 일을 하겠다고 했지. 그런데 정말이지 잠 한숨 못 자도록 밤낮없이 일을 시키는 게 아니겠니? 그래서 나도 모르게 화를 내고 말았어. 1,000루블을 갚아야 한다니 이제 어쩌면 좋지?"

형이 울상을 지으며 말했어요.

"형, 걱정하지 마. 내가 그 사기꾼 녀석을 혼내 주고 올 테니까."

동생은 형이 당하고 온 부잣집으로 가서 일을 시켜 달라고 했어요. 그러자 부자는 형에게서 들은 그 이상한 조건에 대해 이야기하며 동의하느냐고 물었어요.

"네, 동의해요. 그런데 1,000루블은 너무 적으니 2,000루블로 하죠. 10년도 너무 짧으니 20년으로 하고요."

동생은 자신만만하게 말했어요. 부자는 동생의 말에 크게 기뻐하며 동생을 하인으로 받아 주었어요.

다음 날이었어요. 해가 떴는데도 동생은 일어나지 않았죠.

"이봐, 해가 떴는데 언제까지 자고 있을 거냐? 일 안 할 거야?"

부자가 동생을 흔들어 깨우며 말했어요.

"지금 저한테 화내시는 거예요?"

"아니, 빨리 일하라고 말한 것뿐이야."

부자는 화가 나는 걸 간신히 참으며 대답했어요. 동생은 옷을 거북이

보다 더 느릿느릿 갈아입으며 밭에 나갈 준비를 했죠. 부자는 속이 터질 것만 같았어요. 화내고 싶은 것을 참느라 죽을 맛이었죠.

동생은 밭에 나가서도 일을 하는 둥 마는 둥 했어요. 점심시간만 기다렸다가 밥을 배불리 먹고 나선 밭에 드러누워 쿨쿨 잠을 자 버렸지요.

"아니, 뭐 이런 녀석이 다 있지? 하루 종일 일을 안 하다니!"

부자가 누워 있는 동생을 보며 혼잣말을 했어요.

"지금 저한테 화내시는 거예요?"

이때 자고 있는 줄 알았던 동생이 눈을 뜨고 물었어요.

"아니. 아니야. 이러고 있지 말고 가서 양이나 한 마리 잡아 오너라."

"어떤 양을 잡을까요?"

"바로 눈앞에 다가오는 놈을 잡아."

부자는 못마땅한 마음으로 집으로 돌아왔어요. 그런데 그때였어요.

"빨리 가 보시오! 당신네 하인이 당신 양을 모조리 죽여 버렸소."

이웃 사람이 달려와서 부자에게 알려주었어요. 부자는 부리나케 양들이 있는 곳으로 갔어요. 그랬더니 정말 양들이 모두 죽어 있는 게 아니겠어요?

"이 멍청한 녀석! 너 도대체 무슨 짓을 한 거냐?"

부자가 소리를 지르며 동생을 때렸어요.

"눈앞에 다가오는 양을 잡았을 뿐이에요. 저한테 화를 내시는군요."

동생이 태연하게 대꾸했어요.

"아니. 화를 내는 게 아니다. 양이 전부 죽었으니 슬퍼서 그런 거야."

부자는 치밀어 오르는 화를 꾹꾹 누르며 겨우 대답했어요. 동생은 이런 식으로 두 달 동안 일을 계속했답니다. 부자는 뻐꾸기가 우는 봄까지 도저히 화를 내지 않고는 견딜 수 없을 것 같았어요. 그래서 어떻게든 벌금 2,000루블을 내지 않고 동생을 쫓아낼 방법이 없을까 궁리했지요.

"여보, 당신 뻐꾸기 소리 흉내 잘 내지? 숲에 가서 높은 나무 위에 올라가 주겠소? 거기 숨어서 저 하인 녀석이 보이거든 뻐꾸기 울음소리를 내 주오."

부자의 부탁을 들은 아내는 가장 높은 나무 위에 올라가 몸을 숨기고는 진짜 뻐꾸기처럼 뻐꾹뻐꾹 소리를 냈어요.

"자, 이 소리가 들리냐? 뻐꾸기가 울고 있어. 뻐꾸기가 울 때까지만 일하기로 했으니 이제 넌 우리 집에서 일할 필요가 없다. 어서 가라."

이 말에 이미 부자의 계략을 눈치채고 있던 동생이 대답했어요.

"하지만 겨울에 뻐꾸기가 운다는 말은 들어 본 적이 없는걸요? 저 나무 위의 뻐꾸기가 진짜인지 제가 총을 쏴서 확인해 보겠어요."

동생의 말에 부자는 기겁해서 소리쳤어요.

"뭐? 이 지긋지긋한 녀석! 너 같은 녀석은 당장 없애 버려야 돼!"

"지금 화를 내시는군요? 그렇죠?"

"그래! 화냈다! 그래서 어쩔 테냐? 벌금을 주겠다. 그러니 썩 꺼져!"

"저야 좋죠. 그럼 2,000루블은 감사히 받겠습니다."

동생이 빙그레 웃으며 대답했어요. 이렇게 해서 동생은 형을 괴롭힌 부자를 실컷 골탕 먹이고 돈까지 두둑하게 챙겨 집으로 돌아왔답니다.

◎ 원래 '골탕'은 소의 머릿속 골을 넣어 끓인 맑은 국을 말해요. 그런데 골탕은 '속이 물러 상하다'라는 뜻의 '곯다'와 비슷하게 들려요. 그래서 지금처럼 부정적인 의미가 된 거죠. 낭패를 당했을 때 우리는 '골탕 먹다'라는 표현을 쓴답니다.

관용어, 이렇게 쓰여요!

● 의적 홍길동은 나쁜 탐관오리들을 골탕 먹여 백성들의 속을 시원하게 해 주었어요.

● "나 골탕 먹이는 게 그렇게 재미있니? 이제 그만 좀 해."

탈무드 돼지고기는 언제 먹을까?

어느 마을에 가톨릭교회와 유대교 교회가 서로 마주 보고 있었어요. 이 둘은 서로 은근히 경쟁을 하고 있었지요.

그 마을에는 유대인이 적게 살았기 때문에 유대교 교회보다 신자가 더 많은 가톨릭교회의 힘이 더 컸답니다. 그래서 가톨릭교회의 신부는 조금 으스대며 유대교의 랍비보다 한 수 위에 있고 싶어 했지요.

그러던 어느 날, 마을에서 열린 잔치에서 신부와 랍비가 마주쳤답니다. 신부의 접시 위에는 먹음직스럽게 잘 구워진 돼지고기 바비큐가 담겨 있었지요.

"이 돼지고기 바비큐 맛이 아주 끝내줍니다. 한 입 드셔 보시겠소?"

신부는 랍비를 골탕 먹이고 싶은 생각에 말을 건넸어요. 유대교를 믿는 사람들이 돼지고기를 먹지 않는다는 사실을 알고서 한 말이죠.

"그래요? 그렇다면 다음에 신부님의 결혼식 파티에서 먹어 보도록 하지요."

랍비가 껄껄 웃으며 대답했답니다. 물론, 가톨릭 신부가 결혼을 하지 않는다는 걸 잘 알고서 한 대답이었지요.

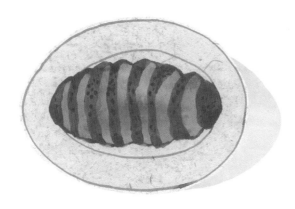

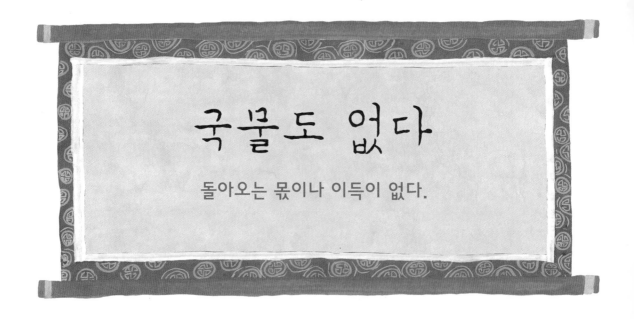

국물도 없다

돌아오는 몫이나 이득이 없다.

세계명작 안네의 일기

    얘들아 안녕? 내 이름은 안네라고 해. 난 열세 살 유대인 소녀야. 내가 지금까지 살아 있다면 아마 호호 할머니가 되었을 거야.

    난 글 쓰는 걸 무척 좋아해. 그래서 지금 이렇게 하늘나라에서도 너희 들에게 편지를 쓰고 있단다.

    내가 살았던 시대는 독일의 나치가 유대인을 몹시 괴롭히던 때였어. 독일의 독재자 히틀러를 알고 있니? 그 나쁜 히틀러가 유대인을 끔찍하게 싫어했거든. 때문에 우리 유대인들은 유대인이라는 이유만으로 죽는 사람이 많았어. 아무 잘못도 없는데 죽는다는 건 정말 잘못된 일이고, 억울한 일이야.

우리 가족은 독일 경찰을 피해서 네덜란드 암스테르담에 있는 집에서 숨어 살았어. 그 집에는 쉽게 알아낼 수 없는 비밀 공간이 있었거든. 우리는 비밀 공간으로 통하는 입구를 책장으로 위장해 놓았지. 이렇게 말하니 영화에서나 나오는 스릴 넘치는 이야기 같지만, 사실 많이 무서웠어. 언제 독일 경찰에게 들킬지 모르니까 말이야.

"숨어 있는 유대인들, 걸리기만 하면 국물도 없다! 너흰 모조리 없어져야 해."

유일하게 세상 소식을 들을 수 있는 라디오 방송에서도 툭하면 이런 말들이 흘러나왔지.

하지만 늘 무서움에 벌벌 떨면서 지냈던 것만은 아니야. 가끔씩은 은신처에 숨어 있다는 생각을 잊을 정도로 즐거울 때도 있었어. 우리 은신처엔 엄마, 아빠, 언니, 나 말고도 판 펠스 아저씨네 가족 세 명과 치과 의사 뒤셀 아저씨, 이렇게 모두 여덟 명이 살고 있었거든. 그중에서 날 많이 즐겁게 해 준 건 판 펠스 아저씨의 아들 페터였어. 솔직히 난 페터 그 애가 마음에 들었거든. 그 애도 날 마음에 들어 하는 것 같아. 있지, 난 페터만 생각하면 심장이 쿵쾅거리고 얼굴이 새빨개지곤 했어.

아, 그런데 페터보다 날 더 즐겁게 해 준 게 있었어. 바로 키티야. 키티는 내가 열세 살 생일 선물로 받은 일기장 이름이야. 사실 은신처 밖으로 나가지 못하고 지낸다는 건 생각보다 힘든 일이었어. 물론 들키지 않고 살아 있다는 것에 무척 감사했지만, 가끔은 시원한 바람도 쐬고 싶고, 예전처럼 친구들과 어울려 놀고도 싶었지. 난 그렇게 하지 못하는 대신 일기장을 내 친구라고 생각하고 키티라는 이름도 지어 주고, 하고 싶은 말들을 모두 쏟아 냈지. 그러다 보면 하루가 금방 지나갔어. 또 하루하루가 더욱 소중해지기 시작했지.

너희들 중에서도 일기 쓰는 걸 좋아하는 애들이 있을 것 같은데 어때? 나만의 비밀 일기장에는 아무에게도 말하지 못하는 내 속마음을 전부 털어놓을 수 있어서 정말로 좋아.

결국 난 독일 비밀경찰에게 들키고 말았어. 그래서 유대인들을 가둬

놓는 수용소에서 죽게 되었지. 계속 살아 있었다면 난 어떤 사람이 되어 있었을까? 아마 작가가 되었겠지? 글 쓰는 걸 좋아했으니까 말이야. 참, 그러고 보니 난 지금도 작가인걸? 내가 은신처에서 숨어 지내는 2년 동안 쓴 일기가 책으로 만들어져 나왔거든. 이름하여 〈안네의 일기〉. 아마 너희들 중에서도 내 일기를 읽어 본 애들이 있겠지? 나에 대해 더 자세히 알고 싶다면 내 일기를 보렴.

자, 하늘에서 보내는 편지는 이만 써야 할 것 같아. 음, 끝으로 하고 싶은 말은, 전쟁도 없고 자유가 있는 지금 너희들의 삶은 무척 행복하다는 걸 알아 줬으면 한다는 거야. 오래오래 행복하렴! 안녕!

◎ 우리나라에서 국물 음식이 발달한 건 적은 건더기로도 많은 사람들이 함께 음식을 나눠 먹기 위해서였어요. 정 많은 우리 선조들이 나눠 먹기에는 국물 음식만 한 게 없었거든요. 그런데 그 국물도 먹지 못한다면 정말 아무 몫도 없는 거겠죠? 그래서 '국물도 없다'라는 말이 생겼어요.

관용어, 이렇게 쓰여요!

● 태권도 유단자인 형은 동네 아이들을 괴롭히는 못된 녀석을 혼내 주면서 "또 한 번 걸리면 진짜 국물도 없다!"고 으름장을 놓았어요.

● "너, 오늘 시험 망치면 국물도 없을 줄 알아!"

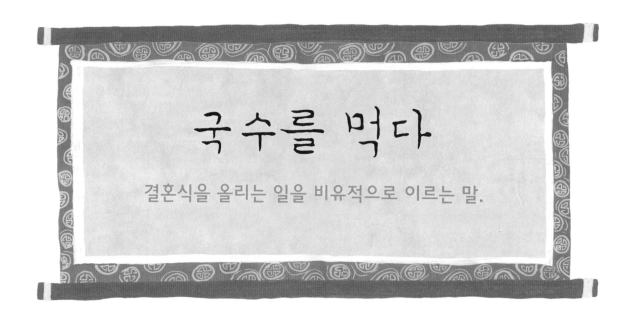

국수를 먹다

결혼식을 올리는 일을 비유적으로 이르는 말.

일화 자기 손으로 신랑감을 찾다

옛날에 딸을 아주 사랑하는 사또가 살고 있었어요. 사또의 딸은 무척 총명하고 얼굴 또한 매우 아름다웠지요. 사또는 만나는 사람들마다 딸 자랑을 늘어놓기에 바빴답니다. 하지만 이런 사또에게도 한 가지 근심이 있었어요. 바로 사또가 어여뻐 하는 이 딸이, 사또가 딸의 신랑감을 정하려고만 하면 시집을 안 가겠다고 하는 것이었어요.

"얘야, 나이를 먹으면 시집을 가는 것은 당연한 도리고, 부모가 배필을 정해 주는 것도 당연한 법도인데 어찌하여 너는 이를 마다하며 속을 태우느냐?"

사또가 걱정이 가득한 표정으로 물었어요.

"아버지, 저는 중요한 결심을 했기에 그러하옵니다."

"대체 그 결심이 무엇이기에 그러느냐?"

"아버지, 서운해 말고 들어 주세요. 제 배필이 될 사람은 제 손으로 선택하고 싶사옵니다."

"무어라? 네가 직접 정하겠다고?"

딸의 말을 들은 사또는 깜짝 놀랐어요.

"아버지. 만약 아버지께서 정해 주신 배필이 좋은 사람이 아니라고 하면, 제 평생이 괴로울 것입니다. 그러면 아버님을 원망할 수도 있지 않겠어요? 그러니 제 신랑은 제 힘으로 찾겠습니다."

딸의 말을 들은 사또는 당황했지만 가만 생각하니 그 말도 맞는 듯하고 무엇보다 딸의 결심이 아주 분명해서 그 뜻에 따라줄 수밖에 없었답니다.

시간은 흐르고 흘러 딸은 벌써 스물다섯 살 노처녀가 되고 말았어요. 옛날 사람들은 열다섯 살만 되어도 시집을 가곤 했으니, 결혼할 때를 훌쩍 넘겼음은 두말할 나위도 없었겠지요.

"얘야. 도대체 아비한테 언제 국수를 먹여 줄 생각인 게냐, 응? 내가 죽기 전에는 먹을 수 있는 것이냐?"

사또가 답답한 마음에 딸을 붙잡고 말했지만, 딸은 빙그레 웃을 뿐이었어요. 이러한 때에 사또의 집에 정기룡 장군이라고 하는, 아주 말을 잘 타고 용감무쌍한 장군이 방문했답니다. 정기룡 장군은 임진왜란 때에 큰 공을 세운 사람이었지요. 정기룡 장군을 본 사또의 딸은 장군이 자기가 찾던 신랑감임을 한 번에 알 수 있었지요. 어떻게 알 수 있었냐고요?

사또의 딸은 일찍부터 말 한 필을 기르고 있었는데, 이 말은 성질이 몹시 거칠어서 오직 사또의 딸만이 길들일 수 있었어요.

'이 말을 탈 수 있는 자야말로 나의 신랑이 될 것이다.'

딸은 오래전부터 이렇게 생각해 왔지요. 그런데 이 거친 말이 장군을 보자마자 얌전해지는 게 아니겠어요?

"아버지, 소녀가 시집을 가야 할 때가 온 것 같습니다. 저분과 혼인하겠사오니, 허락하여 주시옵소서."

딸의 말에 사또는 기뻐하며 장군에게 자신의 딸과 혼인할 생각이 있느냐고 물었어요. 장군 또한 아름다운 사또의 딸을 마다할 이유가 없었지요. 긴 시간 동안 자신의 천생연분을 기다리던 딸은 드디어 혼례를 올리고 행복하게 살았답니다.

◎ 옛날에는 결혼식에 온 손님들에게 국수를 만들어 대접했대요. 길고 긴 국수의 면발처럼 행복하게 오래오래 살라는 의미였다고 해요. 결혼식 날 국수를 먹던 관습 때문에 '국수를 먹다'라는 말이 '결혼식을 올리다'라는 뜻이 되었답니다.

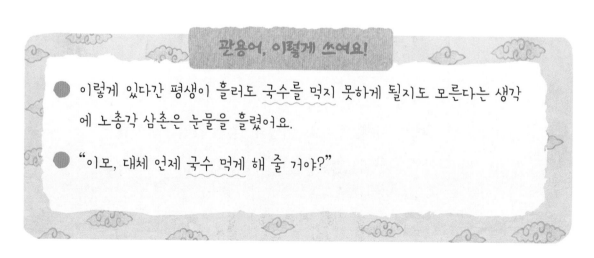

관용어, 이렇게 쓰여요!

● 이렇게 있다간 평생이 흘러도 국수를 먹지 못하게 될지도 모른다는 생각에 노총각 삼촌은 눈물을 흘렸어요.

● "이모, 대체 언제 국수 먹게 해 줄 거야?"

조선 시대의 결혼 풍속

　조선 시대에는 남녀 모두 결혼하기에 적당한 시기인 '결혼 적령기'를 정해 놓고, 그 안에 결혼하도록 했다고 해요.

　결혼 적령기는 남자가 15세~30세, 여자가 14~20세였다고 해요. 만약에 집안이 가난하여 서른이 넘도록 장가를 못 간 경우는 나라에서 혼례를 치를 돈을 보조해 주었고요. 가난하지 않은데도 장가를 안 가면 엄한 벌로 다스렸다고 해요.

　또 조선 시대에는 서로 자유롭게 사랑해서 하는 결혼보다는 가문과 신분에 따른 중매결혼이 이루어졌어요. 특히나 양반가에서는 신랑 신부가 아니라 부모님들이 결혼을 주관했기 때문에 신분이 아닌 사랑으로 혼인이 이루어지는 일은 거의 없었어요.

　그렇다면 서민들은 어떤 결혼을 했을까요? 보통 소 한 마리 값을 신부 집에 보내고 장가를 갔대요. 만약 재물이 없는 경우, 남자가 혼인할 신부의 집에 가서 3년 동안 봉사를 한 뒤 신부를 얻는 봉사혼을 했다고 해요. 이때 사위는 처가에서 몹시 구박받았지요. 그래서 '겉보리 서 되만 있으면 처가살이를 않는다'라는 속담도 생긴 것이랍니다.

　여자의 경우, 과거 동옥저라는 나라의 민며느리 제도를 따랐다고 해요. 여자가 10세쯤 되면 혼인할 남자 집에서 여자를 맞이해서 그 집에서 자라게 하고, 혼인할 나이가 되었을 때 며느리로 맞이하는 것이랍니다.

　나라에서 혼인을 할 수 있도록 도와주는 점은 좋지만, 신분이나 재산 정도에 따라 혼인이 정해지는 풍속은 좀 받아들이기 어렵지요? 사랑하는 사람과 자유롭게 결혼할 수 있는 시대에 태어난 게 다행이라는 생각이 들지 않나요?

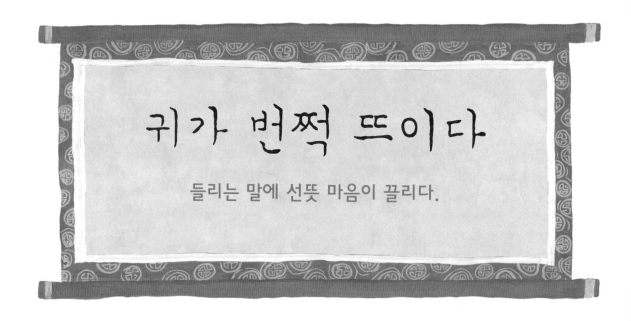

귀가 번쩍 뜨이다

들리는 말에 선뜻 마음이 끌리다.

 그리스사 40킬로미터를 넘어 온 승리 소식

기원전 490년, 페르시아와 아테네 사이에서 전쟁이 일어났어요.

페르시아의 다리우스 대왕은 원정군을 보내 아테네를 공격하도록 했어요. 페르시아군은 공격을 위해 아티카의 북동쪽에 위치한 마라톤에 상륙했지요. 이 소식을 들은 아테네 사람들은 어떻게 대응할지를 두고 고민에 잠겼어요. 이때 아테네의 장군 밀티아데스가 말했어요.

"머뭇거리다간 지고 말 것이오. 지금 당장 페르시아 군대가 있는 곳으로 우리 중장 보병 1만 명을 보내 싸우게 합시다!"

아테네의 군사 1만 명은 페르시아 군대가 있는 마라톤으로 파견되었어요. 페르시아 군대는 아테네 군사보다 몇 배나 더 많은 수지만, 아테네에는 그리스 최고 사령관인 칼리마코스가 있었지요. 칼리마코스는 보병을 길게 배치하고 좌우 양 날개에 실력이 가장 뛰어난 최정예군을 배치했어요. 그리고 마침내 전투 시작! 처음엔 아테네 군사가 중앙에서 밀렸지만 좌우의 최정예군이 페르시아군을 협공하는 데 성공했답니다. 그리하여 아테네군은 페르시아군을 무찌를 수 있었어요. 이때 당시 전사한 페르시아군이 6,400여 명이었는 데 비해 아테네군의 전사자 수는 200여 명이었다고 하니, 얼마나 큰 승리를 거두었는지 알 수 있겠죠?

"어서 빨리 아테네로 가서 이 기쁜 승리의 소식을 전하라!"

칼리마코스 장군은 전령 페이디피데스에게 명령했어요. 사실 아테네는 수적으로 불리한 상황에 있었기 때문에 이 전쟁에서 질 가능성이 훨씬 높다고 생각하고 있었답니다. 만약 전쟁에서 진다면 페르시아군이 아테네 사람들이 사는 마을로 들어와 많은 것들을 약탈해 가고 괴롭힐 것이 분명했지요. 그래서 아테네에서는 전쟁에서 질 것을 대비해 대책을 한 가지 세웠어요. 만약 정해진 시간까지 승리 소식이 없다면 아테네를 불태우기로요. 그렇기에 승리 소식은 1초라도 더 빨리 전달되어야 했지요. 만약 페이디피데스가 정해진 시간까지 도착하지 못한다면, 큰 승리를 거두고도 아테네가 불속에 휘말리게 될 테니까요.

페이디피데스는 아테네로 가기 위해 뛰고 또 뛰었어요. 조금이라도 더 빨리 가기 위해 아무것도 먹지 않은 채로 계속 뛰기만 했답니다.

"조금만, 조금만 더 힘을 내자. 얼마 남지 않았어. 힘을 내자, 제발!"

페이디피데스는 미칠 듯이 목이 마르고 두 다리가 후들거려 곧 죽을 것만 같았어요. 하지만 아테네 사람들을 위해 멈추지 않고 뛰었어요. 그리고

마침내, 페이피데스는 아테네에 도착했답니다. 아테네 사람들은 초조한 마음으로 전쟁 결과를 기다리고 있었지요.

"우리가 이겼노라!"

아테네 사람들은 귀가 번쩍 뜨였어요.

"만세, 만세! 살았구나! 우리가 이겼어!"

아테네 사람들은 승리 소식에 모두 뛸 듯이 기뻐했어요. 하지만 쉬지도 먹지도 마시지도 않고 40킬로미터를 달려 온 페이디피데스는 무리한 나머지 "우리가 이겼다!"는 이 한마디를 전한 채 죽고 말았지요. 페이디피데스의 이 엄청난 달리기에서 오늘날의 마라톤이 유래되었답니다.

◎ 시끄러운 거리에서도 내가 좋아하는 가수의 노래는 잘 들리죠? 이렇게 우리가 듣고 싶고 관심이 있는 소리가 유난히 잘 들리는 게, 마치 닫힌 귀가 열리는 것 같다고 해서 '귀가 번쩍 뜨이다'라고 해요.

관용어, 이렇게 쓰여요!

● 춘향이는 꿈에 그리던 몽룡 도련님의 목소리에 귀가 번쩍 뜨였어요.

● "엄마, 제가 귀가 번쩍 뜨일 만한 소식을 가지고 왔어요. 저 수학 시험 100점 맞았어요!"

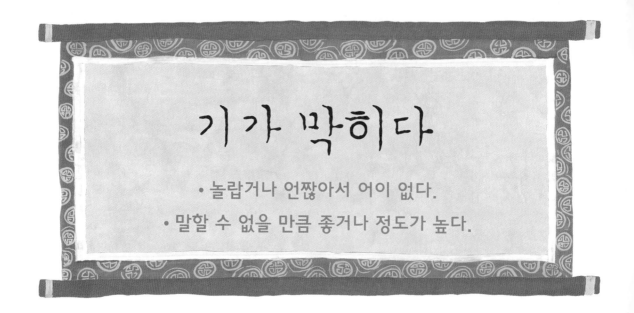

기가 막히다

- 놀랍거나 언짢아서 어이 없다.
- 말할 수 없을 만큼 좋거나 정도가 높다.

고려사 무예를 사랑한 처녀

고려의 이방실 장군에게는 조금 남다른 여동생이 있었어요. 장군의 여동생은 무술 연마하기를 무척 좋아했답니다.

"어허, 오늘도 남자들이나 하는 무술 연습을 하고 있는 게냐?"

이방실 장군이 여동생을 나무라듯 말했어요.

"저는 무술 연습하는 게 수를 놓는 것보다 훨씬 재미있어요."

여동생이 웃으며 대답했지요. 장군은 그런 여동생이 못마땅했어요. 옛날 사람들은 무술은 남자들이 하는 것이고, 여자들은 집에서 얌전히 살림을 배워야 한다고 생각했거든요. 그래서 장군은 무술 연습에 열심인 여동생에게 종종 핀잔을 주었지요. 그런데 하루는 여동생이 장군에게 희

한한 제안을 해 왔어요.

"오라버니, 여기 담벼락에 위에 꽂은 이 나뭇가지를 넘어 보세요. 오라버니는 무예가 뛰어나니 당연히 할 수 있으시겠죠?"

"어허, 내가 그깟 것 하나 못 넘을쏘냐?"

이방실 장군은 피식 웃으면서 나뭇가지 위를 가볍게 뛰어넘었어요.

"역시 대단하시군요. 하지만 완벽한 건 아닌걸요?"

"뭐라고?"

이방실 장군은 여동생의 대답에 당황한 기색을 감출 수 없었어요.

"오라버니의 무술 실력이 완벽하다면 담을 넘을 때 담벼락에 꽂은 이 나뭇가지가 한 치의 흔들림도 없어야 하지 않겠어요?"

여동생의 말에 이방실 장군은 기가 막혔어요.

"말도 안 되는 소리. 새가 앉기만 해도 흔들리는 것이 나뭇가지인데, 어떻게 조금도 흔들리지 않을 수가 있단 말이냐?"

"그럼 제가 보여드리지요."

여동생은 빙긋이 웃으며 대꾸하더니, "얍!" 하는 힘찬 기합 소리와 함께 담벼락의 나뭇가지 위를 가뿐히 넘었어요. 정말이지 여동생의 말대로 나뭇가지는 조금도 흔들리지 않았답니다.

"내가 너를 얕보았구나. 너의 실력이 이 정도인 줄은 몰랐다."

이방실 장군은 그 후로 여동생의 무술 연습에 잔소리하지 않았어요.

여동생은 여자이기에 열심히 연마한 무술을 써 먹을 곳이 없었어요. 그러던 중에 이방실 장군이 억울한 일을 당하여 먼 곳으로 귀양 길을 떠나게 되었지요. 여동생은 이 길을 따라나섰답니다. 장군과 여동생이 나루터에서 배를 기다리고 있을 때였어요.

"어이, 예쁜 아가씨. 우리랑 같이 노는 게 어때?"

저쪽에서 나쁜 무리들이 접근해 오는 게 아니겠어요? 이방실 장군은 화가 나서 놈들을 혼내 주고 싶었지만 귀양을 가는 몸이라 그럴 수가 없었어요. 나쁜 무리들은 장군의 여동생을 여자라고 얕보고 함부로 하려고 했어요. 조용히 장군을 따라가려던 여동생은 도저히 참을 수가 없었지요. 그래서 순식간에 나쁜 무리들을 제압해 나루터의 강물 속으로 던져 버렸답니다. 나쁜 무리들은 허우적거리며 살려 달라고 소리쳤어요. 하지만 그 나쁜 무리들은 평소에 워낙 나쁜 짓을 많이 하던 놈들이라 거들떠 보는 사람이 없었답니다. 여동생의 주변에 있던 모든 사람들이 여동생의 기가 막힌 무예 실력을 칭찬하며 박수를 보냈어요. 이방실 장군 또한 다시 한 번 여동생의 무예 실력에 감탄했답니다.

◎ 우리 선조들은 우리 몸을 움직이는 원동력을 '기'라고 불렀어요. 그래서 정말 놀랍거나 언짢은 상황에서 몸이 움직이지 않는 이유를 기가 막혀서라고 생각했죠. 그래서 '기가 막히다'라는 말이 나온 거예요.

관용어, 이렇게 쓰여요!

● 마을 사람들은 늑대가 나타났다는 거짓말로 사람들을 속이고도 반성할 줄 모르는 양치기 소년의 태도에 기가 막혔어요.

● "너 어제 김연아 선수 경기 봤어? 진짜로 대단했어. 정말 기가 막힌 실력이더라."

일화 쌀밥보다 잡곡밥

옛날에 이종성 대감이라는 양반이 살고 있었어요. 때마침 무척 바쁜 모내기 철이라 마을에서 서로 일손을 도와주는 품앗이를 하기로 했답니다.

"오늘부터 대감님 댁 일을 도와드리겠습니다. 그러니 맛있는 음식들 좀 많이 차려 주십쇼. 잘 먹고 나면 일하는 데 힘이 날 테니까요."

대감의 집에 품앗이 하러 온 하인이 말했어요. 대감은 상다리가 휘어질 만큼 풍성하게 상을 차리도록 했지요. 그중에서도 밥은 아주 귀한 쌀로 지은 쌀밥을 준비했어요. 하인들은 기가 막힌 음식 맛에 감탄하며 정신없이 먹었답니다. 며칠 후, 이번엔 대감 댁 하인들이 다른 집에 품앗이를 하러 다녀오게 되었어요. 대감은 하인들에게 그 집에서 무얼 먹었는지 물어보았지요.

"잡곡밥과 다 쉬어 터진 김치를 먹었습니다요."

하인의 대답에 대감은 기가 막혔어요. 대감은 다음 날, 그다음 날도 품앗이를 하러 간 자기 집 하인이 무엇을 먹었는지 자세히 물어보았지요. 그리고 품앗이가 끝나는 날, 그 집 농부들을 모아 놓고 불호령을 내렸어요.

"나는 우리 집에 품앗이 하러 온 하인들에게 쌀밥과 고기반찬을 차려 주었다. 그런데 너희는 품앗이 하는 내내 우리 하인들에게 잡곡밥에 쉬어 터진 김치를 주었더구나. 너희의 이런 행동은 우리 집 하인들을 무시한 것이 아니더냐?"

대감의 말에 농부들은 머리를 조아리며 어쩔 줄 몰라 했어요.

"오늘부터 우리 장단마을 백성은 쌀밥 대신 콩을 넣은 잡곡밥을 먹어야 한다. 이를 어기는 자가 있다면 엄한 벌을 내릴 것이니라."

사실 이것은 하얀 쌀밥만 귀하게 여기는 백성들의 생각을 고치려는 대감의 깊은 뜻에서 나온 일이었지요. 이후부터 장단마을에서는 쌀밥보다 잡곡밥을 더 많이 먹게 되었답니다.

깨가 쏟아지다

몹시 아기자기하고 재미가 나다.

신화 에로스와 프시케의 사랑 이야기

옛날 어느 왕국에 사는 왕과 왕비에게는 아름다운 세 딸들이 있었어요. 세 딸들 모두가 아름다웠지만 그중에서도 특히 막내딸 프시케가 가장 아름다웠지요. 얼마나 아름다웠던지, 프시케를 본 사람들은 미의 여신인 아프로디테에게 바쳐야 할 찬사를 모두 프시케에게 바쳤답니다.

"내게 쏟아져야 할 찬사를 네가 다 듣다니. 한낱 인간인 주제에. 내 체면이 말이 아니구나. 널 가만두지 않을 테다."

아프로디테는 프시케에 대한 질투심에 몸서리쳤어요. 그리고 아들인 사랑의 신 에로스를 불러 말했어요.

"아들아. 너의 화살로 저 프시케라는 여자아이의 가슴을 쏘아서, 저 애가 괴물과 사랑에 빠지게 만들어다오."

어머니의 부탁을 받은 에로스는 깊은 밤, 프시케의 침실로 찾아갔어요. 프시케는 곤히 잠들어 있었지요.

"너도 참 불쌍하구나. 하지만 나를 너무 원망하지 마."

에로스가 프시케의 옆구리에 활 끝을 대고 막 쏘려던 참이었어요. 그런데 이때 잠들어 있던 프시케가 눈을 뜨는 게 아니겠어요? 눈을 뜬 프시케의 얼굴을 본 에로스는 그녀의 아름다움에 깜짝 놀랐어요. 당황한 에로스는 그만 실수로 자기 화살에 찔려 상처를 입고 말았지요. 그리고 그 순간, 에로스는 프시케를 사랑하게 되었답니다.

아프로디테의 미움을 산 프시케는 뛰어난 아름다움에도 불구하고 청혼을 하는 사람이 아무도 없었어요. 프시케의 부모님은 딸의 운명이 어떻게 될 것인지 무척 걱정스러웠어요. 그래서 태양의 신 아폴론에게 물어보았지요.

"이 처녀는 인간의 아내가 될 수 없는 운명이다. 미래의 남편이 산꼭대기에서 기다리고 있으나 남편은 신도 인간도 아닌 괴물이다."

그 말을 들은 프시케는 매우 무서웠지만, 자신의 운명을 받아들이기로 하고 산꼭대기로 갔어요. 그러자 서풍의 신 제피로스가 프시케를 꽃이 가득 피어 있는 골짜기로 인도해 주었지요. 예쁜 골짜기에서 잠깐 잠이 든 프시케가 눈을 떠 보니 눈앞에는 으리으리한 궁전이 있었답니다. 프시케는 궁전 안으로 들어가서 궁전 구석구석을 구경했어요. 이때 궁전 어디선가 목소리가 들려 왔어요.

"저는 이곳의 하인입니다. 이제 이 궁전의 모든 것은 당신의 것입니다.

밤에 프시케 님의 남편이신 주인님께서 당신을 찾으실 것입니다."

　하인의 목소리를 들은 프시케는 남편을 기다렸어요. 깊은 밤이 되었을 때, 어둠 속에서 누군가가 들어오는 소리가 들리고, 뒤이어 목소리가 들

려왔지요.

"내가 당신의 남편이오. 그러나 절대 내 얼굴을 보려고 하지 마시오."

프시케의 남편은 프시케에게 무척 다정하게 대해 주었어요. 비록 깜깜한 밤에 찾아와서 해가 뜨기 전에 가 버리기 때문에 얼굴은 볼 수 없었지만, 프시케는 남편의 부드러운 목소리와 자상함에 푹 빠져 들었지요. 프시케와 남편은 깨가 쏟아지게 행복한 날들을 보냈답니다. 하지만 프시케는 즐거운 시간들 속에서도 부모님과 언니들이 보고 싶은 생각에 울적해질 때가 있었지요.

"프시케 당신이 원한다면 궁전에 당신 언니들을 초대해도 좋아."

프시케의 우울한 모습을 본 남편이 말했어요. 프시케는 매우 기뻐하며 당장 두 언니들을 초대했지요. 프시케가 살고 있는 궁전에 놀러 온 두 언니들은 프시케가 자기들보다 훨씬 더 좋은 곳에서 행복하게 살고 있는 모습을 보고 질투심에 불타 올랐어요. 그래서 프시케를 위하는 척하며 꼬드겼지요.

"애, 프시케. 남편의 얼굴을 볼 수 없다는 게 말이 되니? 네 남편은 엄청 무서운 괴물일 거야. 언젠간 널 잡아먹을 게 분명하다고. 그러니 괴물인지 아닌지 꼭 확인해 봐. 남편이 잠들었을 때 몰래 등잔불에 비춰 보렴."

처음에 프시케는 언니들의 말을 듣지 않으려고 했지만 갈수록 언니들의 말이 떠올랐어요.

'그래, 딱 한 번만 몰래 보는 거야. 정말 괴물이라서 날 공격할 수도 있잖아.'

깜깜한 밤이 되고 어김없이 남편이 찾아왔어요. 남편은 프시케와 즐거운 시간을 보내다가 먼저 잠이 들었지요. 프시케는 조심조심 일어나 등잔불을 가지고 왔어요. 그러고는 밝은 등잔불에 남편의 얼굴을 비춰 보았어요. 그런데 이게 웬일인가요? 불빛에 드러난 남편의 얼굴이 정말 눈이 휘둥그레질 정도로 아름다운 게 아니겠어요? 프시케는 잠든 남편의 얼굴을 넋을 잃고 바라보았지요. 그런데 이때였어요. 프시케의 실수로 그만 등잔불의 기름 한 방울이 남편의 어깨 위에 툭, 떨어지고 말았답니다. 남편은 뜨거운 기름에 데어 깜짝 놀라며 잠에서 깨어났어요. 그러고는 등잔불을 들고 자기를 보고 있는 프시케를 보았지요.

"프시케. 내가 그렇게 당부했는데, 나와의 약속을 저버린 채 언니들의 말만 믿고 날 괴물로 의심하다니. 난 아프로디테의 아들 에로스요. 어머니의 반대도 무릅쓰고 당신을 사랑해서 함께 있기 위해 그랬던 것인데. 이제 당신을 떠날 수밖에 없게 되었어."

"아아, 에로스 님, 제가 잘못했어요. 제발 떠나지만 말아 주세요."

프시케는 뒤늦게 자기 행동을 후회하며 눈물로 사정했지만 에로스는 창문 밖으로 날아가 버리고 말았답니다.

에로스가 떠나간 후 프시케는 어떻게 되었을까요? 며칠을 울며 그리움 속에 지내던 프시케는 우여곡절 끝에 에로스와 아프로디테가 있는 곳으로 가게 돼요. 하지만 프시케를 몹시 싫어하는 아프로디테 때문에 여러 가지 큰 고난을 겪게 된답니다. 프시케는 죽는 것도 두려워하지 않고 아프로디테가 시킨 것을 수행하려고 하죠. 하지만 수행의 마지막 순간에 몹쓸 호기심 때문에 영원히 깰 수 없는 깊은 잠에 빠지게 돼요. 이 사실

을 안 에로스는 프시케를 향한 사랑과 그리움으로 한달음에 날아가 프시케를 깊은 잠에서 구해 내요. 둘의 사랑은 결국 아프로디테의 마음도 풀어지게 만들고, 둘은 다시 행복하게 살 수 있었답니다.

두 사람은 딸을 낳았는데요. 이 딸의 이름이 바로 '기쁨'이랍니다. 에로스와 프시케, 정말로 아름다운 사랑 이야기가 아닐 수 없죠?

◎ 깨는 다른 곡물과 달리 추수할 때 한 번 살짝 털기만 해도 우수수 잘 떨어진대요. 이처럼 추수하기가 쉬운 까닭에 깨를 털 때마다 깨 쏟아지는 재미가 남달랐다고 해요. 그래서 '깨가 쏟아지다'라는 말이 '아기자기하고 매우 재미가 있다'는 뜻을 지니게 되었다고 합니다.

관용어, 이렇게 쓰여요!

● 3개월 전에 결혼한 삼촌은 깨가 쏟아지는 신혼 생활을 자랑하느라 바쁘답니다.

● "시험이 끝난 후에 하는 컴퓨터 게임은 진짜 깨가 쏟아지도록 재미있어."

고려사 **공민왕과 노국공주의 사랑 이야기**

"내 나라에서 살지 못하는 것도 억울한데 원나라 공주와 혼인까지 할 수는 없습니다!"

고려의 왕자 왕전은 원나라에 볼모로 잡혀 와서 10년째 살고 있었지요. 그런데 이번엔 원나라 공주인 노국공주와 결혼까지 해야 하는 처지에 놓이고 말았죠.

결국 왕전 왕자는 원나라 공주와 결혼을 하고서야 고려로 돌아올 수 있었답니다. 고려로 돌아온 왕전 왕자는 고려의 31대 왕 공민왕이 되었어요. 당시에 고려는 원나라의 지배 아래 놓여 있었는데 공민왕은 왕위에 오르자마자 원의 지배에서 벗어나기 위해 앞장섰답니다.

"저는 이제 고려인입니다. 전하의 뜻에 따를 것이며 이를 지지하옵니다."

노국공주는 공민왕의 뜻을 이해하고 응원해 주었어요. 처음에 노국공주를 원나라 사람이라고 멀리하던 공민왕도 공주의 이런 마음에 감동하여 마침내 노국공주를 사랑하게 되었답니다. 공민왕과 노국공주는 깨가 쏟아지도록 행복한 날들을 보냈어요.

그런데 이 행복은 영원하지 못했답니다. 노국공주가 힘들게 아기를 낳다가 그만 목숨을 잃었기 때문이에요. 노국공주를 잃은 공민왕은 깊은 절망에 빠졌어요. 나랏일을 제대로 살피지 못할 정도로요.

그녀를 잊지 못한 공민왕은 노국공주의 초상화를 벽에 걸어 놓고 밤낮으로 바라보면서 울며 슬퍼했답니다.

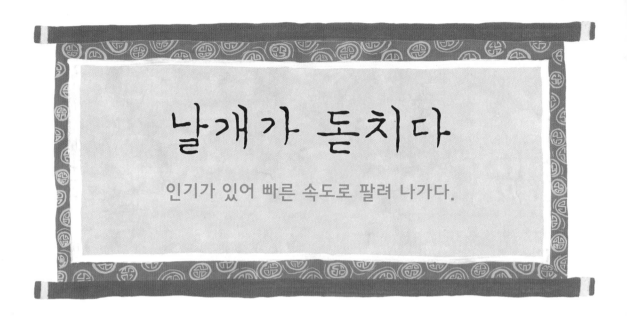

날개가 돋치다

인기가 있어 빠른 속도로 팔려 나가다.

민담 빗자루를 만드는 늙은이

옛날 어느 마을에 한 노인이 살고 있었어요. 노인은 나뭇가지를 꺾어다 빗자루를 만들어 팔아서 돈을 벌었답니다. 어느 날 노인이 빗자루를 수레에 싣고 팔러 나가던 길이었어요. 노인 앞으로 임금님이 다가와 말을 걸었지요. 그렇지만 노인은 눈앞에 있는 사람이 임금님인 줄은 꿈에도 몰랐답니다.

"나를 마을까지 태워 주지 않겠나? 태워 준 값은 후하게 주겠네."

노인은 임금님을 자기 수레에 태워 마을로 향했어요. 수레를 타고 가던 임금님은 빗자루 때문에 자리가 좁아 불편해지자 빗자루를 닥치는 대로 길바닥에 내다 버렸어요. 하지만 노인은 그런 줄은 까맣게 모르고 열심히 수레를 끌고 앞으로 나아가고 있었답니다. 이윽고 마을에 다 도착했을 때였어요.

"맙소사! 이게 무슨 일이람! 내 빗자루! 빗자루가 한 개도 없다니!"

노인은 그제야 자기 빗자루가 다 없어져 버린 걸 알았지요.

"어째서 내 빗자루들을 다 버린 겁니까? 난 당신을 수레에 태워 주었는데, 이런 은혜도 모르는 사람 같으니라고!"

노인이 화를 내며 따져 물었어요.

"그렇게 아깝고 억울하다면 나를 고소하시오."

임금님이 태연하게 대답했어요. 사과도 하지 않는 임금님 때문에 더욱 화가 난 노인은 재판소에 가서 임금님을 고소했어요.

"나는 이 사람을 도와주었는데 이 사람은 내 빗자루를 길바닥에 몽땅 버렸습니다."

"진정하시오. 잘못이 있다면 그 벌을 꼭 받을 것이니."

재판장이 말했어요. 하지만 재판장의 말은 지켜지지 않았지요. 임금님이 재판장에게 몰래 돈을 주어 자기가 이기도록 했기 때문이에요. 물론 재판장도 임금님이 임금님인 줄은 까맣게 모르고 있었지요.

"재판에서 진 게 억울하다면 나를 한 번 더 고소하시오."

재판에서 지고 나온 노인에게 임금님이 말했어요. 노인은 화가 나서 참을 수 없었기에 다시 고소를 했답니다. 이번엔 더 큰 재판소에 가서 말이죠. 하지만 이번에도 노인은 재판에서 지고 말았어요. 역시나 임금님이 돈으로 재판관들을 매수했기 때문이에요.

"나는 이 나라의 임금이다. 나를 따라오거라."

재판소를 나온 임금님은 어깨가 축 처져 있는 노인에게 자기 신분을 이야기했어요. 그리고 노인을 궁으로 데리고 갔죠. 임금님은 노인에게 800타렐이라는 큰돈을 주며 말했어요.

"넌 이 돈으로 집에 가서 나막신 3,000켤레를 만들도록 해라. 그리고 축제일이 되면 성 아래 다리 밑에서 그 신발을 팔아라. 한 켤레에 3타렐 이하로는 팔지 말거라."

그리고 임금님은 사람들에게 축제일에 큰 잔치를 벌일 것이라고 말하며

다음과 같은 포고를 내렸어요.

"잔치에 오는 사람은 반드시 나막신을 신고 와야 한다. 그 나막신은 성 아래 다리 밑에서 팔고 있을 것이다."

드디어 축제일이 되었어요. 노인은 나막신 3,000켤레를 만들어 가지고서 성 아래의 다리 밑으로 갔지요. 그리고 한 켤레에 3타렐씩 받고 나막신을 팔기 시작했어요. 나막신은 날개가 돋친 듯 팔려 나갔답니다. 임금님의 포고를 들은 사람들이 잔치에 신고 가기 위해 모두 사러 왔기 때문이었죠. 이렇게 해서 신발을 다 판 노인은 손해 본 빗자루 값을 모두 메꾸고도 남는 많은 돈을 벌 수 있었답니다.

사실 이 모든 일은 올바르지 못한 재판관들을 잡아 내려는 임금님의 계획이었지요. 임금님은 돈을 받고 잘못된 판결을 내린 재판장들을 찾아내 모두 엄한 벌에 처하도록 했답니다.

◎ 새들은 날개가 있어 하늘을 자유롭게 날 수 있죠. 물건이 인기가 있어 사라지는 모습이 마치 날개가 돋아 나서 사라지는 것 같다고 해서, '날개가 돋치다'라는 말이 생긴 게 아닐까요?

관용어, 이렇게 쓰여요!

● 새로 문을 연 마트에서 반값 할인 행사를 하자 비싼 물건들도 날개가 돋친 듯 팔려 나갔다.

● "너 그거 알아? 길 건너에 새로 생긴 가게 햄버거가 어찌나 맛있는지 날개 돋친 듯 팔린다더라."

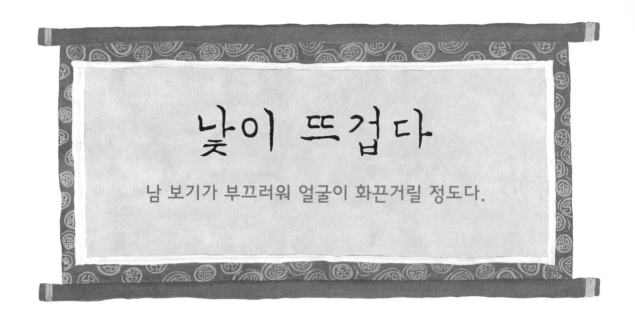

낯이 뜨겁다

남 보기가 부끄러워 얼굴이 화끈거릴 정도다.

 삼국유사 노힐부득과 달달박박

신라 북쪽의 백월산, 깊은 산속 암자에 노힐부득과 달달박박이라는 두 스님이 살고 있었어요. 노힐부득과 달달박박은 부처님의 깨달음을 얻기 위해 날마다 열심히 수행을 했답니다. 그렇게 3년이 흐른 어느 날이었어요. 해가 질 무렵, 눈이 부시게 아름다운 한 여인이 달달박박이 있는 암자로 찾아왔답니다.

"스님, 날도 저물어 가는데 하룻밤만 재워 주실 수 있으신가요?"

여인이 물었어요.

"안 되오. 나는 이미 부처님의 제자인 몸, 어찌 여인과 한 방에 머물 수 있겠소? 다른 곳으로 가 보시오."

68

달달박박은 여인의 청을 단칼에 거절했어요. 여인은 할 수 없이 노힐부득이 있는 암자로 갔지요.

"스님, 날이 저물어 가는데 하룻밤만 묵어갈 수 있을까요?"

여인의 말에 노힐부득이 물었어요.

"그대는 어디에서 왔소?"

"제가 온 것은 길을 잃어서가 아니라 높은 스님이 되시는 것을 도우려 함입니다. 그러니 어디서 온 것이 무슨 상관이겠습니까?"

여인의 말을 들은 노힐부득은 여인에게서 뭔가 특별함을 느꼈어요.

"본래 이곳은 여인이 머물 곳은 아니지만 이미 날이 어두워졌으니 하룻밤 묵어가시지요."

이렇게 해서 노힐부득의 암자에 여인이 들어오게 되었어요.

"스님, 제가 목욕을 해도 될까요?"

여인의 물음에 노힐부득은 잠시 망설였어요. 하지만 노힐부득이 살펴보니 여인은 몹시 지쳐 보였지요. 노힐부득은 안쓰러운 마음이 들어 여인이 목욕을 할 수 있도록 목욕통에 따뜻한 물을 가득 채워 주었답니다. 여인이 목욕통 속에 몸을 담그자 곧 신기한 일이 일어났어요. 통 안의 물에서 은은한 향기가 나면서 물이 모두 금빛으로 변하는 게 아니겠어요?

"스님, 스님께서도 저와 함께 목욕을 하시지요."

목욕을 하던 여인이 노힐부득에게 말했어요. 노힐부득은 어쩔 줄 몰라 하며 망설였어요. 하지만 곧 뭔가 거역할 수 없는 느낌에 이끌려 물속에 몸을 담갔답니다. 그러자 곧 놀라운 일이 일어났어요. 정신이 아주 맑아지면서 노힐부득의 몸이 금빛으로 변하기 시작한 거예요.

"오오, 이것이 어찌된 일인가?"

노힐부득은 꿈을 꾸는 것만 같았지요. 그런데 옆을 보니 연꽃 모양의 자리가 생겨난 게 아니겠어요?

"스님, 이 연꽃 자리에 앉으시오. 나는 관세음보살이오. 스님이 부처님의 도를 이루는 것을 도우려고 이곳에 온 것입니다."

말을 마친 여인은 온데간데없이 사라졌답니다.

한편, 여인의 청을 거절했던 달달박박은 속으로 이렇게 생각했어요.

'지금쯤이면 노힐부득은 스님의 법도를 어기고 여인을 맞아 들였겠지? 날이 밝으면 어서 가서 실컷 비웃어 줘야겠다.'

달달박박은 아침이 되자마자 노힐부득의 암자로 갔어요. 그런데 방문을 연 순간, 달달박박은 깜짝 놀라 뒤로 자빠질 뻔했답니다. 노힐부득이 연꽃 자리에 앉아서 금빛 미륵불이 되어 찬란한 빛을 뿜어내고 있었으니까요.

"아니, 스님. 이게 어떻게 된 일이랍니까?"

달달박박은 자신도 모르게 머리를 조아리며 물었어요. 노힐부득은 지난밤 일을 전부 말해 주었지요.

"아……. 내 눈이 멀어 관세음보살 님을 알아보지 못하다니."

달달박박은 자신의 짧았던 생각에 낯이 뜨거워졌어요.

"옛 우정을 생각하여 나도 성불할 수 있도록 제발 도와주십시오."

"아직 통 속에 물이 남았으니, 몸을 담가 보시오."

노힐부득의 말에 따라 달달박박은 남아 있는 물에 몸을 담갔어요. 그랬더니 달달박박의 몸도 금빛으로 변하여 아미타불이 되었답니다.

두 스님이 부처가 되었다는 놀라운 소문을 듣고 백월산 아래 마을 사람들이 앞다투어 몰려 왔어요. 두 부처님은 사람들에게 부처님의 말씀을 들려준 후 구름을 타고 사라졌답니다.

◎ '낯'은 '얼굴'을 가리키는 말이에요. 따라서 '낯이 뜨겁다'는 '얼굴이 뜨겁다'로 바꿔 쓸 수 있어요.

관용어, 이렇게 쓰여요 !

● 길거리에서 엄마한테 혼이 나고 있는데 같은 반 친구를 마주치는 바람에 낯이 뜨거웠다.

● "여자 친구에게 같이 시험 공부 하자고 말했는데 거절당해서 낯이 정말 뜨거웠어."

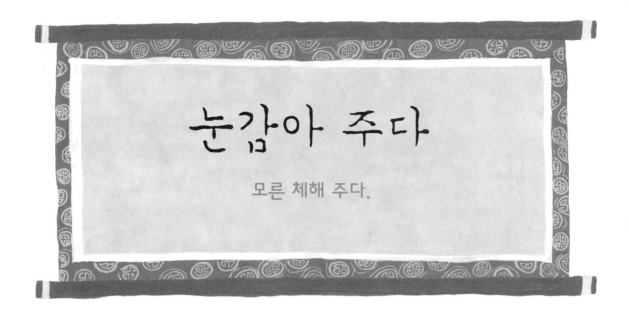

눈감아 주다

모른 체해 주다.

일화 최고의 시인, 허난설헌

"아니, 이 훌륭한 글을 정말 네가 썼단 말이냐?"

조선 시대 어느 양반댁. 딸 난설헌과 마주 앉은 대감은 딸이 쓴 글을 보고 깜짝 놀라지 않을 수 없었어요. 그 글은 신선이 사는 세상에 초대를 받은 난설헌이 그곳에서 신선들을 위한 글을 쓰고 돌아오는 내용이었는데요. 난설헌은 이제 여덟 살 난 어린이였거든요. 그 글은 여덟 살 어린이가 썼다고는 믿기지 않을 만큼 매우 수준 높은 글이었지요.

"너는 재주가 남달리 뛰어난 아이구나. 어허, 안타깝도다. 여자가 아니라 남자로 태어났다면 좋았을 것을. 그 재주가 참으로 아깝게 되었도다."

난설헌의 아버지는 진심으로 안타까워하며 말했어요. 조선 시대에 여인들의 역할이란, 남편의 말에 순종하는 아내와 자식을 잘 키우는 어머니가 전부였거든요. 자신의 능력이나 재주를 뽐낼 기회가 없었을 뿐 아니라, 여인에게 그런 능력과 재주가 있는 걸 흠으로까지 여겼어요. 여인이 가질 수 있는 재주라면 그저 수를 예쁘게 잘 놓는 정도가 다였죠.

시간이 흘러 난설헌이 김성립이라는 사내와 혼인하게 되었을 때, 아버지의 걱정은 현실이 되었답니다. 남편 김성립은 글재주도 능력도 한참 부족한 사람이었거든요. 그랬기에 남편은 자신보다 훨씬 뛰어난 난설헌을 못마땅해하며 늘 난설헌을 멀리했답니다. 난설헌의 시어머니 또한 자기 아들의 재주가 부족한 것이 난설헌의 탓이라고 하며 차갑게 대했지요. 난설헌의 삶은 결혼 후부터 불행하게 흘러갔어요.

한 번은 이런 일이 있었어요. 남편이 친구들과 함께 과거 시험 공부를 한다고 집에서 좀 떨어진 곳에 공부방을 구해서 지내고 있었답니다. 안 그래도 부족한 능력에 열심히 해도 될까 말까인데 남편은 매일 친구들과 어울려 노는 데 정신이 팔려 있었지요. 말로만, 열심히 하느라 힘들다고 하면서요. 난설헌은 이 사실을 다 알고 있었지만 계속 눈감아 주었어요. 언젠간 열심히 할 것이라 믿었기 때문이에요. 하지만 남편은 도무지 열심히 공부할 기미가 보이지 않았어요.

'이대로라면 서방님은 과거 시험에 낙방하고 말 거야. 무슨 수를 써야지 안 되겠어.'

난설헌은 하인을 시켜서 남편이 친구들과 놀고 있는 곳으로 술과 고기를 보냈어요. 그러면서 시 한 수를 지어 보냈지요.

"낭군께서는 놀고자 하는 마음이 없으신데, 같이 공부하는 이는 어떤 사람들이기에 이리 방해를 하시는가?"

난설헌이 보낸 시를 본 남편은 부끄러움을 느꼈어요. 노는 데 앞장선 사람은 친구들이 아니라 자신이었으니까요. 남편의 친구들 또한 이런 난설헌의 재치에 감탄했답니다.

보통 사람 같으면 대체 언제쯤 최선을 다해 공부할 것이냐고 백번은 더 말했을 텐데 오히려 놀고 있는 곳으로 맛있는 음식과 함께 남편에 대한 믿음을 보여주는 시를 보내 스스로 부끄러움을 느끼게 하다니, 역시 난설헌은 지혜가 뛰어난 여인임이 틀림없지요? 후에 난설헌의 남편은 과거에 급제했다고 해요. 끝까지 난설헌에게 다정하게 대해 주지는 않았지만요. 난설헌은 남편이 오지 않는 방에서 혼자 시를 지으며 쓸쓸하게 살다가 27세라는 젊은 나이로 숨을 거두었답니다.

◎ 눈앞에 빤히 보이는 사실을 보지 않으려면 눈을 감는 수밖에 없죠. 그래서 어떤 일을 알고도 모른 체할 때 '눈감아 주다'라는 표현을 쓰는 거예요.

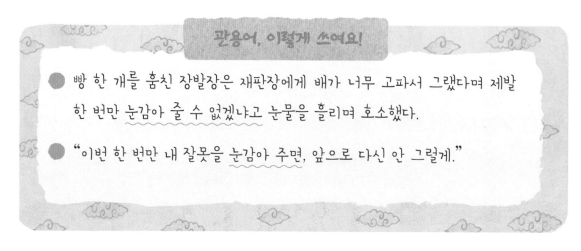

관용어, 이렇게 쓰여요!

● 빵 한 개를 훔친 장발장은 재판장에게 배가 너무 고파서 그랬다며 제발 한 번만 <u>눈감아</u> 줄 수 없겠냐고 눈물을 흘리며 호소했다.

● "이번 한 번만 내 잘못을 <u>눈감아</u> 주면, 앞으로 다시 안 그럴게."

뛰어난 여류 시인, 허난설헌

허난설헌의 본명은 허초희예요. 난설헌은 그녀의 호랍니다. 호는 우리나라나 중국에서 이름 대신 부르기 위해 붙이는 다른 이름을 말해요. 옛날에는 이름을 귀하게 여겨 남의 이름을 막 부르는 것을 예의에 어긋나는 일이라고 생각했거든요. 그래서 호를 짓고 이름 대신 호를 부르곤 했답니다.

허난설헌은 〈홍길동전〉의 저자로 잘 알려진 '허균'의 친누나예요. 누나는 시 짓기에 능하고 동생은 소설을 잘 쓰고, 정말 재능이 넘쳐 나는 남매지요?

허난설헌은 총 213편의 시를 남겼다고 해요. 그중 128편이 이 세상을 훌훌 떠나 신선처럼 자유롭게 살고 싶다는 내용을 담은 시였답니다. 이것만 봐도 자신의 재주를 마음껏 펼칠 수 없었던 이 세상에 대한 답답함이 얼마나 깊었는지 알 수 있지요.

허난설헌은 자신이 쓴 글을 모두 태워 버리라고 말하고 죽지만, 동생 허균이 시를 모아 두었다가 책으로 펴내게 돼요. 그녀의 시를 담은 책은 멀리 중국에도 전해졌는데요. 이 책을 본 중국 사람들은 매우 뛰어난 시라며 무척 칭송했다고 해요. 그럼 그녀의 시를 한 수 함께 감상해 볼까요?

채련곡

맑은 가을 호수 옥처럼 푸른데
연꽃 우거진 속에다 목련 배를 매었네.
물 건너 님을 만나 연꽃 따서 던지고는
행여나 누가 봤을까 한나절 부끄러웠네.

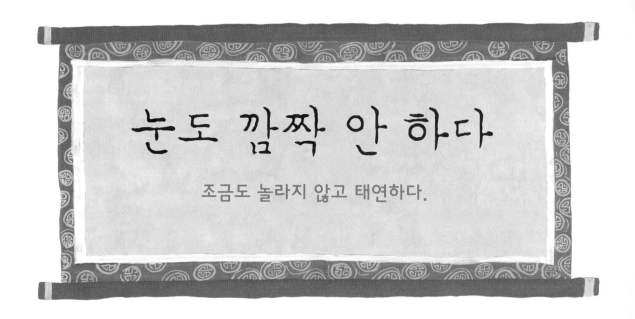

눈도 깜짝 안 하다

조금도 놀라지 않고 태연하다.

삼국지 관운장과 화타의 수술

안녕하세요. 여러분? 나는 화타라고 해요. 이렇게 만나게 되어 반갑군요. 나는 의사로서 모든 환자들이 다 소중하지만 그중에서도 촉나라의 장수였던 관운장 님을 치료해 드렸던 것이 가장 기억에 남습니다.

내가 관운장 님을 처음 뵌 것은 관운장 님이 위나라와의 전쟁 중에 위나라 장수가 쏜 화살에 맞아서 왼팔을 심하게 다치셨을 때였지요. 관운장 님은 가장 의롭고 인자하신 장수라고 이름난 분이셨어요. 그런 분께서 다치셔서 낫지도 못하고 고생하고 있다니, 가만 있을 수가 있어야지요. 그래서 당장 관운장 님을 찾아갔답니다.

그분께서 자신의 상처를 보여주셨는데 상태가 아주 심각했어요. 독 화살을 맞아서 그 독이 뼛속까지 스며든 상태였지요. 빨리 치료하지 않으면 왼팔을 영영 잃을 수도 있는 위급한 상황이었어요.

"저를 믿으시옵니까?"

내가 관운장 님께 물었어요. 그분께서는 감사하게도 나를 믿는다고 대답해 주셨지요. 그래서 나는 관운장 님을 낫게 할 수 있는 유일한 방법인 수술에 대해서 말씀드렸어요.

"소인은 장군의 다친 팔을 아주 날카로운 칼로 뼈가 보이는 곳까지 가를 것이옵니다. 그다음, 뼈 속에 있는 독을 전부 긁어 내고 약을 바른 후, 다시 팔을 실로 꿰맬 것입니다. 그러면 치료는 끝입니다. 다만 이 수술이 너무나도 아프기에 장군께서 참기 힘드실 겁니다. 고통에 몸부림치실 것을 대비해, 움직이지 못하시도록 장군님을 나무 기둥에 단단히 묶겠습니다. 두 눈은 수건으로 가리고요."

내 말을 들은 관운장 님은 껄껄 웃으며 말씀하셨어요. "나무 기둥은 필요치 않다!"라고요. 요즘 같은 세상엔 수술이 발달되어 아주 좋은 마취약이 많지만, 옛날에는 그렇지 않았지요. 수술도 낯선 일이거니와, 수술을 한다 해도 마취 약이라는 건 찾기 힘들었답니다. 그래서 걱정이 되었지요. 수술 과정을 잘 견디실 수 있을지 말이에요. 하지만 한시가 급했기에 즉시 수술을 시작했어요.

팔을 째니 피가 철철 흘러 넘쳤지요. 재빨리 뼈에 묻어 있는 독을 긁어 냈어요. 관운장 님 주변의 부하 장수들은 너무나 고통스러울 것 같다고 몸서리치면서 차마 눈을 뜨고 보지 못할 정도였지요. 관운장 님은 어땠냐고요? 정작 이분께서는 그 아픈 수술에 눈도 깜짝 안 하셨답니다. 아프다고 소리를 지르시거나 작은 신음 소리조차 내지 않으셨어요. 관운장 님께서 수술 내내 무얼 하고 계셨는지 아세요? 글쎄, 다른 장수와 바둑을 두시면서 술을 드시고 계셨답니다. 아주 여유롭게요. 허허, 정말 눈으로 보고도 믿기지 않을 일이었지요.

나는 뼈의 독을 다 긁어내고 상처를 재빨리 실로 꿰매 봉합했어요. 수술은 성공이었지요. 관운장 님께서는 팔이 편안해졌다며 좋아하시곤 내게 큰돈을 주려고 하셨지만, 난 받지 않고 돌아왔어요. 관운장 님 같은 영웅을 치료한 것은 내게도 영광이었으니까요. 내 수술 능력이 아무리 뛰어나다 한들 그분께서 날 믿어 주지 않았다면 내가 그 무시무시한 수술을 무사히 마칠 수 있었겠습니까? 오늘은 유난히 관운장 님이 보고 싶군요.

◎ 우리 몸에서 가장 많이 움직이는 건 아마 눈동자일 거예요. 그런데 눈도 움직이지 않다니 얼마나 태연한 상태겠어요? 그래서 '눈도 깜짝 안 하다' 라는 말을 하나 봐요.

관용어, 이렇게 쓰여요!

● 변사또는 춘향이에게 수청을 들지 않으면 곤장을 때리겠다고 했지만 춘향이는 눈도 깜짝하지 않았어요.

● "내가 좋아한다고 고백했는데 그 애는 눈도 깜짝 안 하더라."

고전 하나 더

삼국사기 의리의 사나이, 검군

신라 시대에 갑자기 한여름에 서리가 내려 그해 농사를 망친 적이 있어요. 나라 안 사람들이 모두 굶주림에 시달리게 되었지요. 이때 나라의 재산을 관리하는 사량궁에서 일하는 자들은 왕실 창고를 털어 곡식을 나누어 갖기로 했답니다.

"우리 모두 이 일에 동참하였는데 왜 너 혼자만 곡식을 받지 않겠다는 거냐?"

곡식을 훔친 자들이 한 사내를 에워싸고 따져 물었어요. 검군이라는 사내였죠.

"의로운 일이 아니라면 몸을 담지 않겠다."

검군의 말에 사람들은 움찔했어요. 검군이 이 사실을 관청에 고자질해서 자신들이 큰 벌을 받을까 봐 겁이 났지요. 고민 끝에 곡식을 훔친 자들은 검군을 죽이기로 했답니다. 그들은 술에 몰래 독약을 탄 뒤에 검군을 불렀어요.

"지난 번 일을 사과하고자 불렀네. 술이나 한잔하세나."

사람들은 서로 은밀한 눈길을 주고받은 뒤 검군의 술잔에 독이 든 술을 따랐답니다. 검군이 가만히 술잔을 바라보았어요. 그러고는 미소 지으면서 말했지요.

"이 술잔에 독이 들어 있는 걸 알고 있다."

검군의 말에 사람들은 깜짝 놀랐어요.

"너희들이 한 짓을 관청에 고발할 수도 있지만 난 사내대장부의 의리를 지키고자 그렇게 하지는 않을 생각이다. 그리고 지금 여기서 도망치지도 않을 거야. 도망쳐야 할 사람은 잘못을 한 너희들인데 오히려 올바른 선택을 한 내가 도망친다는 건 그 역시 사내답지 못하기 때문이야."

말을 마친 검군은 독이 든 술을 눈도 깜짝하지 않고 마셨답니다.

아무리 의리가 중요해도 동료들의 잘못을 덮어 주기 위해 죽음을 택하다니, 목숨을 가벼이 여긴 경솔한 결정이었다는 생각이 드는 대목이에요.

눈에 불을 켜다

몹시 욕심을 내거나 관심을 갖다.

설화 목숨을 바쳐 만든 고려청자

구월산 어느 깊은 곳에 고려 최고의 도공이 살고 있었어요. 이 노인에게는 귀남과 수남이라는 두 명의 제자가 있었답니다. 그 제자들이 스무 살 청년이 되었을 때, 노인은 제자들을 불러 놓고 말했어요.

"내 딸 지은이도 이제 시집갈 나이가 되었다. 나는 너희 둘 중에서 더 훌륭한 청자를 만드는 사람을 내 수제자로 정하고 내 딸을 시집보낼 것이니라."

노인의 말에 귀남과 수남은 긴장하기 시작했어요. 노인의 수제자가 되고 싶은 것은 물론이거니와 두 사람 다 속으로 지은이를 마음에 두고 있었거든요.

"지금부터 3년간 온 힘을 다해 기술을 연마한 후에 대결을 시작할 것이다."

노인의 말에 귀남과 수남은 눈에 불을 켜고 기술을 연마하기 시작했어요. 그러는 사이 불행하게도 노인이 죽게 되었어요. 하지만 3년이 흐른 후, 두 사람은 노인이 없어도 대결을 하기로 마음먹었답니다.

"자, 두 사람 모두에게 사흘을 드리겠어요. 똑같은 시간에 가마에 불을 지피고 도자기를 구운 뒤 같은 시간에 가마에서 꺼내겠습니다."

공정한 대결을 위해 지은이 나서서 말했어요. 드디어 두 사람의 대결이 시작되었어요. 가마 안의 불길이 활활 타오르기 시작했답니다.

약속한 사흘 중 이틀이 지났어요. 이제 하루만 지나면 두 사람의 운명을 가를 결과가 나오는 것이었지요.

'만약 수남이가 나보다 더 훌륭한 청자를 구워 내면 어떻게 하지?'

처음엔 자신만만해 하던 귀남이는 시간이 지날수록 점점 초조해졌어요. 그리고 마침내 마지막 날의 아침이 밝았답니다. 이제 오늘 밤 자정이면 가마에서 청자를 꺼내게 되는 것이었어요.

'만약 수남이가 승리해서 지은이와 혼인을 한다면? 아아, 절대 안 돼! 어떻게 해서든지 내가 이겨야 해!'

귀남은 자기가 확실하게 이길 수 있는 방법이 없을지 고민했어요. 그러던 중에 귀남은 어디선가 들은 적 있던 '인신 공양'을 떠올렸어요. 인신 공양이란 사람의 몸을 제물로 바치는 것이었지요.

'잘 찾아보면 어딘가에 전염병으로 죽은 아이들의 시체가 있을 거야.'

귀남은 당장 시체를 찾으러 산속으로 떠났어요.

한편 지은은 수남을 찾아가 응원의 말을 건넸어요.

"수남 오라버니, 힘을 내셔서 꼭 승리하시길 바랄게요."

지은은 사실 귀남보다 수남을 더 좋아하고 있었거든요.

"네 응원을 받으니 힘이 난다. 꼭 훌륭한 청자를 만들게. 기다려."

지은의 응원을 받은 수남은 더욱더 정성을 다해 가마 불꽃을 지켰답니다. 불 속에 장작 하나를 넣을 때에도 기도하는 마음으로 넣었지요.

귀남은 산속에서 버려진 아기 시체를 찾아 가지고 내려왔어요. 그런데 이때 마침, 귀남의 가마 앞을 지나던 지은과 마주치고 말았어요.

"어머나! 그 흉측한 건 대체 뭐예요?"

지은이 깜짝 놀라서 물었어요.

"쉿! 조용히! 이건 아기 시체다."

귀남은 말을 마치자마자 아기 시체를 가마 안으로 던져 넣었어요. 그 순간, 다 죽어 가던 가마의 불길이 다시 확 살아났답니다.

"아무한테도 말하면 안 돼."

지은은 알겠다고 대답하고 돌아왔지만 속으로는 걱정이 되었어요.

'인신 공양이 뛰어난 효과가 있다는 말은 들었지만, 귀남 오빠가 정말 시체까지 구할 줄은 몰랐어. 만약 귀남 오빠가 이기면 어떻게 하지?'

수남을 좋아하는 지은은 귀남이 이길까 봐 걱정이 되었어요. 그래서 수남을 찾아가 이 사실을 털어놓았지요.

"어쩌면 좋아요, 수남 오라버니? 귀남 오라버니가 인신 공양을 했어요. 가마 안에 아기 시체를 넣었다고요."

"뭐, 뭐라고? 귀남이가 인신 공양을?"

지은의 말을 들은 수남은 깜짝 놀랐어요. 지은은 수남이 질까 봐 걱정된다며 흐느꼈어요.

　　"괜찮아. 넌 걱정 말고 집으로 돌아가 있으렴. 네가 여기 있는 것보다 집에 가 있는 게 오라버니 마음이 편하단다."

　　수남의 말에 지은은 눈물을 흘리면서 집으로 돌아갔어요. 뜬눈으로 시간이 가기만을 기다렸답니다. 그리고 그날 자정, 드디어 시합이 끝나게 되었죠. 이제 방문을 나서면 이 대결의 승자를 알 수 있을 터였어요. 하지만 지은은 떨리는 마음에 쉽사리 방문을 나설 수가 없었답니다. 그때였어요. 지은의 어머니가 방으로 들어왔답니다. 지은의 어머니는 눈물범벅이 된 얼굴로 지은에게 편지 한 통을 전해 주었어요.

　　"수남이의 편지란다."

　　"네? 수남 오라버니가 왜요?"

　　어머니는 계속 울기만 했어요. 지은은 영문을 모르겠다는 얼굴로 편지를 뜯어 보았어요. 편지를 읽은 지은은 그 자리에 주저앉고 말았답니다. 그 편지는 수남이 지은에게 남긴 유서였기 때문이었죠. 귀남이 아기 시체 공양을 했다는 이야기에, 수남은 더 훌륭한 청자를 만들기 위해서 불이 활활 타오르는 가마 안으로 자기 몸을 던졌던 것이었어요.

　　"아아, 어쩌자고 인신 공양을 택했단 말입니까? 그 시합이 뭐라고, 청자가 뭐라고 목숨까지 바치다니요, 오라버니! 흐흐흑!"

　　과연, 수남의 청자는 귀남의 청자와는 비교도 할 수 없을 정도로 훌륭한 것이었어요. 누가 보아도 알 수 있을 정도였지요. 지은은 매우 슬퍼하며 시체조차 없는 수남의 장례를 정성껏 치러 주었답니다.

◎ 욕심 나거나 관심 있는 일을 접하면 자세히 보려고 눈을 부릅뜨는 게 마치 눈에 불을 켜는 것처럼 보이지 않나요? 그래서 안광(眼光)이라는 한자도 있어요. 한자 그대로 보면 '눈의 빛'이라는 말인데 '사물을 보는 힘'을 뜻해요.

관용어, 이렇게 쓰여요!

● 한석봉은 나라에서 가장 훌륭한 명필가가 되기 위해 <u>눈에 불을 켜</u>고 글씨 연습을 했어요.

● "<u>눈에 불을 켜</u>고 컴퓨터 게임을 하다 보니 시간이 훌쩍 지났네."

우리나라의 보물, 고려청자

청자는 푸른빛을 띠는 자기를 말해요. 중국 송나라에서 가장 먼저 만들기 시작했는데요. 원래 중국인들이 푸른빛이 도는 옥이라는 보석을 갖고 싶어 했는데, 너무 귀하고 비싸서 흙으로 옥을 만든 것이 바로 청자였다고 해요. 그 후 고려가 두 번째로 청자를 만들기 시작했는데요. 중국 청자를 뛰어넘을 정도로 깊은 아름다움을 지닌 청자를 만들어냈기에 고려를 대표하는 보물이 된 것이지요.

청자는 흙으로 빚어 800도에서 한 번 구워 낸 다음에 철 성분이 든 유약을 발라 1,300도에서 한 번 더 구워 낸답니다. 유약은 나무가 타고 남은 재를 물에 탄 것인데요. 유약을 발라야 도자기가 아름다워지고 방수 처리도 된답니다.

두 번째 구울 때는 가마의 온도가 높아지면 흙으로 아궁이를 막았다고 해요. 바로 이때 청자의 푸른빛이 나타난답니다. 공기가 부족한 상태에서 불을 때면 유약에 든 철 성분이 도자기 흙과 합쳐져 푸른빛을 띤 유리 같은 물질로 바뀐대요. 그러니까 청자의 색깔은 바로 유약의 철 성분과 가마의 온도에 따라 달라지는 것이랍니다. 이렇게 복잡한 과정을 통해 정성스럽게 구워 낸 것이 바로 고려청자지요.

그런데 앞의 고려청자에 얽힌 설화를 읽고 깜짝 놀란 친구들도 많이 있을 거예요. 제 아무리 훌륭한 유물이라고 해도 목숨과 바꿀 수는 없는 법이니까요.

우리나라의 유물 관련 설화에는 유독 생명을 희생하는 이야기가 많이 나와요. 신라의 성덕 대왕 신종은 아기를 바쳐 완성되었다는 설화 때문에 종이 울릴 때마다 어미를 찾는 소리가 들린다 하여 '에밀레종'이라고 불리지요. 오늘날만큼 생명에 대한 가치 인식이 발달하지 못한 탓도 있고, 유물 완성에 극적 감동을 주기 위한 것도 있겠지만, 어느 쪽이든 반드시 가려 읽기가 필요한 대목이랍니다.

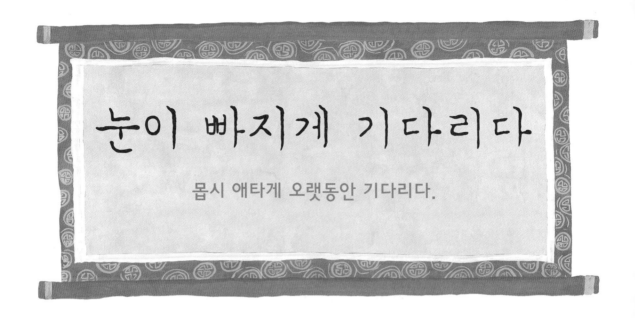

눈이 빠지게 기다리다

몹시 애타게 오랫동안 기다리다.

신화 페넬로페의 옷감 짜기

아름다운 페넬로페는 스파르타의 왕, 이카리오스의 딸이었어요. 이타케의 왕 오디세우스는 많은 경쟁 상대를 물리치고 페넬로페를 아내로 맞이할 수 있었답니다. 페넬로페와 오디세우스는 행복한 결혼 생활을 했지만, 이 행복은 오래가지 못했어요. 겨우 1년쯤 지났을 무렵, 서로 헤어져야만 했지요. 오디세우스가 트로이 전쟁에 싸우러 나가야 했기 때문이에요.

"꼭 돌아오신다고 약속해 주세요."

"걱정 마시오. 전쟁을 승리로 이끌고 꼭 돌아오겠소. 기다려 주시오."

페넬로페와 오디세우스는 안타까운 작별 인사를 했어요. 페넬로페는 오디세우스를 몹시 그리워하며 기다렸답니다.

하지만 아무리 눈이 빠지도록 기다려도 오디세우스는 오지 않았어요. 죽었는지 살았는지조차 알 수가 없었지요.

그렇게 10년이 흐르고 마침내 길고 긴 전쟁이 끝났지요. 하지만 오디세우스는 오지 않았어요. 그러자 페넬로페가 살고 있는 궁으로 많은 청혼자들이 몰려들었답니다.

"나와 결혼해 주시오. 오디세우스는 죽었기 때문에 오지 않는 것이오."

청혼자들은 페넬로페의 궁에서 지내며 서로 자기와 결혼해 달라며 아우성을 쳤어요. 모두들 페넬로페와 결혼해서 이 궁을 통째로 차지할 속셈이었죠.

'오디세우스 님이 죽었을 리 없어. 나한테 남편은 오직 오디세우스 님뿐이야. 이 많은 사람들의 청혼을 거절할 좋은 방법이 없을까?'

고민하던 페넬로페는 좋은 방법을 생각해 냈어요. 그리고 그녀의 선택을 기다리는 청혼자들 앞에 나서서 말했지요.

"시아버님의 옷을 한 벌 만들어 드린 후에 여러분들 중에 한 사람과 혼인을 하겠습니다. 그러니까 제가 옷을 다 만들 때까지는 조용히 기다려 주세요."

청혼자들은 옷 한 벌을 만드는 데는 그리 큰 시간이 걸리지 않을 것이라고 생각하고 알겠다고 대답했어요. 하지만 그건 청혼자들의 착각이었어요. 페넬로페의 옷 만들기는 몇 년이 지나도록 끝나지 않았지요.

"아직도 완성을 못 하였소? 도대체 옷 만들기는 언제 끝나는 거요?"

화가 난 청혼자들이 페넬로페에게 따졌어요.

"자, 제가 만들고 있는 이 옷감을 보세요. 아직 다 완성되지 않았잖아요? 시아버님이 입으실 거라 정성을 들여서 그렇답니다. 조금만 더 기다리세요."

페넬로페의 말에 청혼자들은 한 발 물러서는 수밖에 없었어요. 페넬로페는 이런 청혼자들을 보며 몰래 미소 지었어요.

사실 페넬로페는 낮에 열심히 옷감을 짜고 밤이 되면 낮에 짰던 옷감을 다시 풀어 버렸지요. 그래서 페넬로페의 옷 만들기는 오랜 시간이 지나도록 끝나지 않을 수 있었답니다. 청혼자들의 청혼을 피하기 위해서 생각해 낸 방법이었지요.

그렇게 혼인을 미룬 지도 10년이 지났어요. 페넬로페는 전쟁 기간 10년, 전쟁이 끝난 후 10년, 합해서 20년이나 되는 시간 동안 오디세우스만을 기다린 것이었어요. 청혼자들의 청혼을 미루는 것도 이제는 한계에 다다랐지요.

"이 중에서 가장 재주가 뛰어난 사람과 결혼하겠어요."

청혼자들은 재주 겨루기로 활쏘기를 선택했어요. 열두 개의 고리를 만들어 걸고, 그 고리 안으로 화살을 많이 명중시키는 사람이 페넬로페의 새 남편이 되기로 했지요. 하지만 청혼자들은 명중을 시키기는커녕, 활시위를 당기지도 못했어요. 활이 너무 무거웠거든요. 그런데 이때 초라한 행색의 웬 걸인이 앞으로 나서며 말했어요.

"비록 미천한 모습이지만 제가 한 번 해 보겠습니다."

청혼자들은 걸인을 무시하며 비웃었어요. 그런데 이게 웬일인가요? 활을 받아 든 걸인이 전혀 힘든 기색 없이 활시위를 당기는 게 아니겠어요? 날아간 화살은 정확히 고리 안으로 명중했답니다. 열두 개의 구멍 모두 다

말이죠. 청혼자들은 모두 깜짝 놀라 어안이 벙벙해져 있었어요. 이때, 걸
인은 청혼자들을 헤치고 페넬로페의 앞으로 나아갔어요.

"페넬로페, 나를 알아보겠소?"

"아아, 당신은 내가 그토록 기다리던 오디세우스 님이시군요!"

페넬로페는 한눈에 오디세우스를 알아보았어요.

"내가 돌아왔다. 나는 이 성의 주인이자, 페넬로페의 남편 오디세우스다! 페넬로페를 괴롭힌 너희들을 내 가만두지 않을 것이다!"

오디세우스가 궁 안의 청혼자들에게 소리쳤어요. 페넬로페를 괴롭혔던 청혼자들은 달아나기 바빴지요. 이렇게 해서 20년이나 되는 긴 기다림 끝에 오디세우스와 만난 페넬로페는 기쁨의 눈물을 흘렸답니다.

◎ 다 지은 옷의 실을 풀었다 다시 만들기를 반복하며 기나긴 시간, 눈이 빠지도록 오디세우스를 기다린 페넬로페의 사랑과 인내심은 정말 대단하네요. 이렇게 아무리 쉴 새 없이 해도 끝나지 않을 것 같은 일을 가리켜 '페넬로페의 옷감 짜기'라고 한답니다.

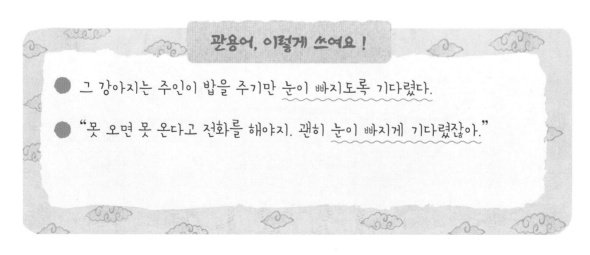

관용어, 이렇게 쓰여요!

● 그 강아지는 주인이 밥을 주기만 <u>눈이 빠지도록</u> 기다렸다.

● "못 오면 못 온다고 전화를 해야지. 괜히 <u>눈이 빠지게</u> 기다렸잖아."

민담 재가 된 신부

어느 마을에 아리따운 신부와 결혼한 신랑이 있었어요.

드디어 혼례 후 첫날 밤. 꿈에 그리던 신부와 혼인을 하게 된 신랑은 신 난 기분에 들떠서 술을 마셨답니다. 그리고 신부와 함께 누워 자려고 했는데, 술을 많이 마신 탓인지 오줌이 마려웠어요.

"부인, 잠시 화장실에 다녀오겠소."

신랑은 신부에게 말했어요. 신부는 자리에 가만히 앉아 고개를 끄덕였지요. 볼일을 보고 난 신랑은 신부가 있는 방으로 가려고 했어요. 그런데 맙소사! 창호지 문으로 누군가가 칼을 겨누고 있는 게 보였답니다. 겁이 난 신랑은 신부는 나 몰라라 하고 그대로 줄행랑을 치고 말았어요. 신부는 눈이 빠지도록 기다렸지만 신랑은 오지 않았답니다.

도망친 신랑은 다른 여인과 혼인을 하고 잘 살았지요. 그러다 우연히 예전에 살았던 마을에 갈 일이 생겼답니다. 마을에는 흉가가 된 집이 많았어요. 그런데 저 안쪽에 있는 집에서 희미한 불빛이 보였지요. 그곳은 예전에 자기가 신부를 두고 도망쳤던 바로 그 집이었어요. 그 방 앞에는 자기를 도망치게 했던 칼 그림자가 아직도 있었지요. 그런데 가까이 다가가 보니 그건 칼 그림자가 아니라 마당의 대나무가 그림자로 비친 것이었답니다.

신랑은 떨리는 마음으로 조심스럽게 방문을 열었어요. 그런데 세상에나, 그곳에는 오래 전에 자기가 두고 온 신부가 그 모습 그대로 앉아 있는 게 아니겠어요?

"아이고 부인, 못난 나를 지금까지 기다리다니 이게 무슨 일이오?"

신랑이 신부의 어깨를 어루만지자 그 순간, 신부는 폭삭 무너져 내리며 한 줌의 재가 되고 말았어요. 신랑은 재가 된 신부 앞에서 무릎을 꿇고 빌며 슬픔의 눈물을 한없이 흘렸답니다.

담을 쌓다

관계나 인연을 끊다.

일화 방랑 시인 김삿갓

　강원도 영월의 산골에 병연이라는 아이가 살고 있었어요. 아버지는 돌아가시고, 어머니와 형과 함께 살고 있었지요. 사실 병연은 양반의 자손이었지만 어찌된 일인지 병연의 가족은 깊은 산골에서 어렵게 살았답니다. 병연의 어머니는 가난한 형편 속에서도 병연에게 열심히 글공부를 시켰어요. 병연의 뛰어난 글재주를 알아보았기 때문이에요.

　시간은 흐르고 흘러 병연은 어느덧 스무 살 청년이 되었답니다. 병연의 글쓰기 실력도 더욱 자라 있었지요. 그러던 어느 날이었어요. 병연은 영월 관아에서 백일장을 연다는 소식을 들었답니다.

　'좋아. 이번 백일장이야말로 그동안 갈고 닦은 글재주를 시험해 볼 기

회다. 한 번 참가해 보는 거야.'

백일장이 열리는 날, 병연은 관아로 달려갔어요. 관아에는 이미 백일장에 참여하려는 사람들이 구름떼처럼 몰려와 있었답니다. 드디어 백일장이 시작되었지요. 백일장의 시제는 '정시의 충성스러운 절개를 찬양하고 김익순의 죄를 한탄하라'는 것이었어요. 10여 년 전 전국 농민들이 양반들을 향해 큰 반란을 일으켰던 사건이 있었거든요. 결국 반란은 제압되어 끝이 났지만 반란 과정에서 농민들 앞에 항복하지 않고 죽음을 택한 양반도 있고, 항복을 했던 양반도 있었지요. 오늘 백일장의 시제로 나온 김익순은 농민의 반란을 막지 못한 데다 항복까지 한 양반이었지요.

'치욕스럽도다. 한 번이 아니라 만 번 죽어 마땅하다.'

병연은 김익순을 욕하는 글을 쓰기 시작했어요. 붓에 날개를 단 듯, 멈추지 않고 신 나게 써내려 갔답니다. 종이에 빼곡하게 글귀를 쓴 병연은 뿌듯한 마음으로 글을 제출했어요. 드디어 주어진 시간이 끝나고 긴 심사도 끝이 났어요. 이제 결과 발표만 남았지요. 병연은 떨리는 마음으로 발표를 기다렸답니다.

"장원 김병연!"

관아 안에 병연의 이름이 울려 퍼졌어요.

"오오, 1등이다, 1등이야!"

병연의 가슴은 기쁨에 벅차 올랐어요. 다른 사람들이 부러움 가득한 시선으로 병연을 바라보았어요. 이 기쁜 소식을 가족들에게 빨리 알려 주고 싶었던 병연은 한달음에 집으로 달려갔어요.

"어머니, 형, 제가 백일장에서 장원을 했어요!"

"오오, 정말 잘했다. 그래, 백일장 시제가 뭐였니?"

형이 기뻐하며 물었어요.

"농민 반란 때 농민들에게 항복한 역적 김익순의 죄를 욕하라는 거였어요."

병연의 말에 형의 얼굴은 얼음처럼 굳어 버렸어요.

"아이고, 이 일을 어쩌면 좋단 말이니?"

좀 전까지 웃고 있던 어머니는 갑자기 슬피 울기 시작했어요.

"어머니, 왜 우시는 거예요?"

병연은 영문을 몰라서 눈만 끔뻑이고 있었지요. 이때, 굳은 얼굴을 하고 있던 형이 말을 꺼냈어요.

"네가 백일장에서 욕을 써 내려 간 김익순이란 분이 바로 우리 할아버지란다. 우리가 양반인데도 이렇게 깊은 산골에 살게 된 것도 다 그 때문이다."

병연은 형의 말에 가슴이 쿵 내려앉는 것 같았어요.

"그 상은 할아버지를 욕한 대가로 받은 상이다, 병연아."

어머니가 서럽게 울며 말했어요. 병연은 이 사실을 믿고 싶지 않았어요. 자신이 너무 바보 같아 견딜 수가 없었지요.

"어머니, 조상님을 뵐 낯이 없습니다. 저는 떠나겠습니다."

충격에 빠져 꼬박 5일 동안을 아무것도 먹지 않고 꺼이꺼이 울며 지내던 병연은 봇짐 하나를 메고 방에서 나왔어요. 그러고는 가족들에게 작별 인사를 했지요. 병연은 그 길로 집을 떠나 세상과 담을 쌓고 방랑하며 살았다고 해요. 그는 스스로 하늘 보기가 부끄러운 죄인이라 생각하고 큰 갓을 써서 얼굴을 가리고 다녔는데요. 이때부터 사람들은 그를 '김삿갓'이라 불렀답니다.

◎ '담'이란 다른 사람의 접근을 막기 위해 집이나 일정한 공간 둘레에 흙이나 돌을 쌓아 올린 걸 말해요. '담을 쌓다'는 '관계나 인연을 끊다', '담을 허물다'는 '마음의 경계를 풀다'라는 뜻을 지녀요.

관용어, 이렇게 쓰여요!

● 공부와는 담을 쌓고 지내던 우리 반 꼴찌가 이번 시험에선 쑥 오른 성적으로 모두를 놀라게 했어요.

● "그 녀석이랑은 한 번 싸운 뒤론 계속 담을 쌓고 지내고 있어."

통일신라 시대, 최치원이라는 사람이 있었어요. 그는 아주 총명했지만 태어날 때부터 가진 신분의 한계 때문에 큰 벼슬을 할 수 없었답니다.

그래서 최치원은 당나라까지 건너가서 과거 시험을 보았어요. 당당히 장원으로 합격한 최치원은 당나라에서 17년간이나 높은 벼슬 일을 하고 다시 신라로 돌아왔답니다.

왕은 이런 최치원의 능력을 높이 사서 그의 신분으로 오를 수 있는 가장 높은 벼슬자리를 주며 신라를 위해 힘써 달라고 말했어요. 그래서 최치원은 여러 가지 개혁을 하려고 했지만 신라의 귀족들은 반대를 하고 나섰어요. 최치원에게 신분이 낮은 자라고 말하며 비웃기까지 했답니다.

사람들의 반응에 실망한 최치원은 경치 좋은 곳으로 가서 머리를 식히고자 했어요. 그리하여 최치원은 아주 맑은 물이 흐르는 어느 절벽에 다다랐답니다. 그 절벽 바위에는 세이암이라는 글자가 새겨져 있었어요.

"오오, 이렇게도 맑은 물을 보았나? 가슴까지 시원해지는 것 같구나. 이 맑은 물에 온갖 나쁜 말을 들어 더러워진 내 귀를 씻어 내야겠다."

최치원은 맑은 물에 귀를 씻어 냈어요.

"이렇게 깨끗한 곳에 있자니 더는 더러운 세상에 미련이 없구나."

귀를 씻어 낸 최치원은 그 길로 깊은 산속으로 들어가 세상과 담을 쌓고 신선이 되었답니다.

등을 돌리다

뜻을 같이하던 사람과 관계를 끊고 멀리하다.

 백제사 충신의 말을 무시한 의자왕

백제의 의자왕은 처음에는 나라를 잘 보살폈지만, 갈수록 술을 마시며 노는 것에 빠져 나랏일을 제대로 돌보지 않았어요. 의자왕의 주변엔 왕에게 아첨하며 자기 배만 채우는 간신들이 넘쳐 났지요. 이때 충신으로 이름난 성충이란 자가 왕의 앞으로 나서며 말했어요.

"전하, 이제 그만 나랏일을 살피시옵소서."

하지만 의자왕은 성충의 말에도 아랑곳하지 않았어요. 그러는 동안 백제는 점점 혼란 속에 빠져들었지요. 나라 안이 어지러워지자 의자왕에게서 등을 돌리는 백성들은 늘어만 갔답니다.

한편, 신라의 김유신 장군은 백제에 심어 놓은 첩자를 통해 백제의 위태로운 상황을 다 꿰뚫고 있었어요.

'성충이라는 충신만 없애면 모든 게 우리의 계획대로 흘러가겠구나.'

김유신은 첩자에게 은밀한 지시를 내렸어요. 김유신의 명을 받은 첩자는 의자왕이 신라 출신의 미녀를 후궁으로 맞이하도록 계략을 세웠어요. 후궁이 된 신라 여인은 의자왕의 사랑을 받았답니다. 어느 날 그 후궁이 근심 어린 표정으로 의자왕에게 말했어요.

"소첩이 간밤에 꿈을 꾸었는데 산신령이 이상한 예언을 하는 게 아니겠어요? 충신 성충을 죽이지 않으면 이 나라 백제가 망할 것이라고요."

의자왕은 후궁의 말을 대수롭지 않게 여겼어요. 하지만 바로 이때 신하로 위장한 첩자가 나서서 의자왕을 위하는 척하며 말했지요.

"지금 백성들의 마음은 이미 전하에게서 등을 돌린 지 오래되었습니다. 모두 왕이신 전하보다는 성충을 더 믿으니 장차 전하의 자리가 위태로워지실 것입니다. 성충을 없애시고 왕위를 튼튼하게 지키시옵소서."

첩자 신하의 말을 들은 의자왕은 고민에 빠졌어요.

'후궁이 말한 꿈 이야기도 기분이 나쁘고, 저 신하의 말도 일리가 있다. 성충을 어떻게 해야 한단 말인가?'

한편 성충은 나라의 앞일이 걱정되어 견딜 수가 없었지요. 그래서 왕에게 다시 한 번 충심 어린 말을 올리기로 했답니다.

"지금 신라의 군사가 점점 막강해지고 있다고 하옵니다. 머지않아 전쟁이 일어날 것 같사옵니다. 하루빨리 전쟁에 대비하시옵소서."

"건방지구나. 왕이 하는 일에 무슨 잔소리가 그렇게 많더냐?"

결국 의자왕은 성충을 옥에 가두어 버리고 말았답니다. 옥에 갇힌 성충은 그곳에서도 온 힘을 다해 왕에게 충심 어린 직언을 올렸어요.

"충신은 죽어도 임금을 잊지 않는 법이니, 신이 감히 한 말씀 올리고 죽겠습니다. 만약 전쟁이 일어나면 육군은 탄현을 넘어오지 못하게 하고, 수군은 기벌포를 넘어오기 전에 막아야만 할 것입니다."

성충은 살아서 백제가 망하는 것을 지켜보고 싶지 않다며 단식을 하다가 끝내 옥에서 숨을 거두었답니다.

한편, 신라에서는 백제에 쳐들어갈 준비를 다 마친 상태였어요. 신라는 승리를 확신하며 백제로 쳐들어갔답니다. 백제는 신라군의 기세에 힘없이 무너져 내렸어요.

'아아, 내가 간신배들의 아첨에 눈이 멀어 성충의 충심을 몰라 보았구나. 성충의 말만 들었어도 이렇게 힘없이 당하는 일은 없었을 것을.'

의자왕은 나라가 망할 위기에 놓여서야 성충의 충심을 떠올렸어요. 그리고 뒤늦은 후회를 하며 뜨거운 눈물을 흘렸답니다.

◎ 보고 싶지 않은 것과 멀어지기 위해서는 어떻게 해야 할까요? '등을 돌리고' 반대편으로 걸어가야겠죠?

관용어, 이렇게 쓰여요!

● 그 아이돌 가수는 잘생기고 노래도 잘했지만, 팬들에게 친절하지 못해서 팬들은 결국 그 가수에게서 등을 돌리고 말았다.

● "반장은 처음에 인기가 좋았는데, 짓궂은 장난을 치면서 애들을 괴롭히는 거야. 그래서 학기가 끝날 때쯤엔 모두 반장에게 등을 돌려 버렸어."

백제의 멸망에 관한 기이한 이야기

백제가 멸망한 해인 660년. 그해가 시작되자 백제에서는 이유를 알 수 없는 괴상한 일들이 많이 일어났다고 전해져요.

1월에는 수도 사비의 우물물이 모두 핏빛으로 변했고요. 서쪽 바닷가에는 물고기가 떼로 나와 죽어서 백성들이 죽은 물고기를 먹었는데 아무리 먹어 치워도 없어지지 않았다고 해요.

4월에는 수만 마리나 되는 청개구리들이 나무 위에 올라가 있었고, 아무 이유 없이 혼자 놀라 달아나다가 죽은 사람도 100명이나 되었답니다.

6월에는 왕흥사라는 절에 있는 스님들이 큰 배 한 척이 물결을 따라 절 안으로 들어오는 것을 보았다고 해요. 사슴만 한 크기의 큰 개가 나타나 왕궁을 향해 크게 울부짖다가 사라졌고요.

그리고 왕궁 안으로 귀신이 들어와 '백제는 망한다, 백제는 망한다!'라는 말을 큰소리로 외치고는 땅속으로 사라졌다고 해요. 좀처럼 믿기 힘든 이 일들은 모두 곧 있을 나라의 멸망을 예고해 주는 일이었겠지요.

여러분은 의자왕에게 삼천 명의 궁녀가 있었다는 걸 아시나요? 입이 떡 벌어질 만큼 많은 수지요? 백제의 멸망이 확실해졌을 때 삼천 명의 궁녀들은 신라로 끌려가서 치욕스러운 삶을 살기보다는 차라리 깨끗한 죽음을 택하기로 했다고 해요. 그래서 모두 강물에 몸을 던졌답니다.

삼천궁녀들은 높은 바위 절벽에서 백마강 아래로 떨어져 내렸는데요. 이 삼천궁녀들을 꽃에 비유해 그녀들이 뛰어내린 절벽을 꽃이 떨어진 절벽, '낙화암'이라고 부른답니다. 의자왕을 따라 죽음을 택한 삼천궁녀들의 눈물이 어린 장소 낙화암. 이 낙화암은 충청남도 부여에 가면 볼 수 있어요.

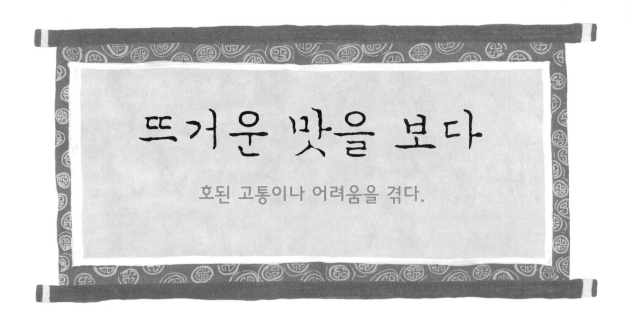

뜨거운 맛을 보다

호된 고통이나 어려움을 겪다.

중국사 영웅 고선지 장군

당나라의 장수 고선지 장군은 고구려가 망하자 당나라로 건너간 고구려의 유민이었어요. 유민은 고향을 떠나 이곳저곳을 떠도는 사람이나 망한 나라의 백성을 뜻하는 말이랍니다.

고선지 장군은 고구려 출신이라는 불리함을 지니고 있었지만 뛰어난 무예 실력과 지략을 바탕으로 젊은 나이에 일찌감치 많은 군사들을 책임지는 높은 자리에 오를 수 있었어요.

당시 당나라는 동아시아의 강대국으로서 서아시아에 자기네 나라 문화를 전파하려고 했고, 서아시아의 강대국 이슬람에서는 자기네 문화를 동아시아에 전파하고자 했지요. 이런 상황에서 티베트가 이슬람 편을 들자,

당나라와 이슬람 사이에 있는 작은 나라들 대다수가 이슬람 편에 섰답니다. 당나라는 위기를 느끼기 시작했지요. 이에 당나라 현종 황제는 고선지 장군에게 군사 1만 명을 내주며 명령했어요.

"티베트의 편을 든 소발률국을 정복하고 오시오!"

이렇게 해서 고선지 장군은 소발률국을 정벌하기 위한 원정길에 올랐답니다. 이 원정길은 결코 쉬운 것이 아니었어요. 소발률국으로 가려면 사막을 가로지르고, 험난한 파미르 고원을 넘어야 했거든요. 하지만 고선지 장군은 출발한 지 100여 일 만에 파미르 고원을 넘어서 소발률국에 도착할 수 있었답니다. 100일이라고 하면 엄청 오래 걸린 것 같지만 1만 명이나 되는 군사가 아주 먼 거리를 행군해서 간다고 생각하면 기적에 가까울 만큼 빠른 시간 안에 도착한 것이랍니다.

한편, 소발률국을 지키는 티베트 군사들은 여유만만이었어요. 고선지 장군이 소발률국에 도착했다고 해도, 소발률국의 수도인 아노월성으로 가려면 큰 강을 하나 건너야 했거든요. 그런데 하필이면 비가 온 후라 강물은 크게 불어나 있었지요.

"흥, 저 강을 어떻게 건너온단 말이냐?"

티베트 군사들은 고선지 장군과 군대를 비웃었어요. 그들은 눈앞에 고선지 장군의 군대가 있는데도 한가롭기 그지없었지요.

"저 강은 도저히 건널 수 없을 거야."

고선지 장군의 군사들조차 안 된다는 생각에 모두들 낙담하고 있었어요. 이때 고선지 장군이 군사들에게 말했어요.

"모두들 내일 새벽, 강 앞으로 모여라."

"네? 장군님, 비 때문에 불어난 저 강을 어떻게 건넌단 말입니까?"

"건널 수 있다. 나를 믿고 따르거라. 우린 저 강을 무조건 건넌다!"

군사들은 안 될 거라고 생각했지만 확신에 찬 고선지 장군의 말을 따를 수밖에 없었지요. 그리하여 이른 새벽, 3일치 식량만 챙겨서 몸을 가볍게 한 군사들이 강 앞으로 모였어요. 그리고 모두들 죽기 살기로 강을 건넜답니다.

"오오, 우리가 저 깊은 강을 건너다니, 믿을 수 없어! 하하하!"

군사들은 어려운 일을 해냈다는 성취감에 기세가 하늘을 찌를 듯 높아졌어요. 그리고 그 기세를 몰아 적군의 기지로 쳐들어갔지요. 여유만만하던 티베트 군사들은 고선지 장군의 공격에 당황해서 우왕좌왕이었어요. 고선지 장군과 군사들은 적군에게 제대로 뜨거운 맛을 보여주었지요. 고선지 장군은 적군 5,000명을 없애고 1,000명을 포로로 잡는 큰 승리를 거두었답니다.

◎ 뜨거운 음식을 급히 먹다 입천장이 데이는 고통을 느낀 적이 누구나 한 번쯤은 있을 거예요. 그때의 괴로움을 잘 떠올려 보세요. '뜨거운 맛을 보다'가 무슨 뜻인지 잘 이해될 거예요.

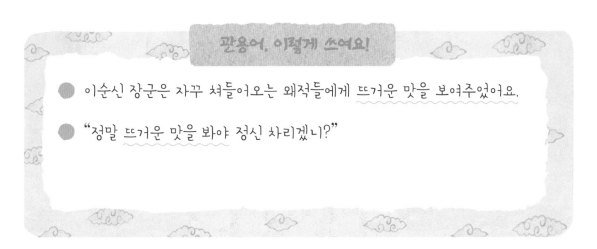

관용어, 이렇게 쓰여요!

● 이순신 장군은 자꾸 쳐들어오는 왜적들에게 뜨거운 맛을 보여주었어요.

● "정말 뜨거운 맛을 봐야 정신 차리겠니?"

뜸을 들이다

일이나 말을 할 때에, 서둘지 않고 한동안 가만히 있다.

 고려사 충선왕과 봉선화 소녀

고려 충선왕에게 원나라 공주가 시집을 왔어요. 시집온 공주는 왕비가 되었지요. 하지만 원치 않았던 혼인이었고 왕은 이미 조비라는 다른 여인을 사랑하고 있었기에 왕비에게 잘해 줄 수 없었답니다. 화가 난 왕비가 이 사실을 원나라에 일러바쳤어요. 원나라의 미움을 산 충선왕은 왕위에서 물러나 원나라로 불려 오게 되었답니다.

"어허, 언제쯤 내 나라 고려에 다시 돌아갈 수 있단 말이냐?"

원나라에 간 충선왕은 고려에 대한 그리움으로 하루하루를 보내고 있었지요. 그러던 어느 날이었어요. 잠자리에 든 충선왕은 이상한 꿈을 꾸게 되었답니다. 웬 소녀가 자기를 위해 가야금을 연주하는 꿈이었지요. 충선왕은 몹시 아름다운 가야금 선율을 더 가까이서 듣기 위해 소녀의 앞으로 다가갔어요. 그런데 이게 웬일인가요? 가야금을 타는 소녀의 열 손가락에서 피가 뚝뚝 떨어지고 있는 게 아니겠어요? 깜짝 놀란 충선왕은 그대로 꿈에서 깨어났답니다. 너무 생생해서 진짜 같은 꿈이었지요.

'오오, 이건 분명 보통 꿈은 아닐 것이다.'

충선왕은 자기가 살고 있는 궁궐 안의 궁녀들을 모두 모이도록 했어요. 혹시나 이 중에 꿈에서 본 소녀가 있을지도 모른다는 생각에서였죠. 충선왕은 궁녀들을 한 명, 한 명 찬찬히 살펴보았어요. 그런데 그때였어요. 눈이 먼 어느 소녀가 열 손가락에 흰 헝겊을 동여매고 있는 게 눈에 띄었지요. 충선왕은 그 소녀에게 가까이 다가가 물었어요.

"너는 어찌하여 손가락을 흰 헝겊으로 싸매고 있는 것이냐?"

충선왕의 물음에 소녀는 뜸을 들이며 머뭇거렸어요.

"괜찮다. 벌을 주려는 것이 아니다. 편하게 말해 보거라."

충선왕이 부드러운 목소리로 말했어요. 그러자 소녀가 대답했답니다.

"이것은 봉선화 물을 들인 것이옵니다. 저는 고려 사람이온데, 고향이 그리워도 가지 못하니 이렇게 손톱에 물이라도 들여 그리운 마음을 달래는 것이옵니다."

"그래? 그런데 너는 어쩌다가 여기 원나라까지 오게 되었느냐?"

"저의 아버지께서 충선왕 전하를 섬기신다는 이유로 이곳까지 쫓겨 오게 되었사옵니다. 저와 아버지 둘 다 고려를 너무나 그리워하며 마음 아파한 나머지 그만 눈이 멀고 말았습니다."

소녀의 말을 들은 충선왕은 가슴이 무척 아팠어요. 소녀가 이렇게 멀

리까지 오게 된 건 다 자기 때문이었으니까요.

"꼭 고려로 돌아가셔서 다시 왕이 되시어요."

소녀는 충선왕을 위해 가야금을 연주했어요. 꿈에서처럼 아주 아름다운 소리였지요.

얼마 후, 소녀 덕분에 힘을 낸 충선왕은 고려로 돌아갈 수 있게 되었답니다. 왕위도 다시 되찾았지요. 충선왕은 원나라에 두고 온 소녀가 생각났어요. 그래서 신하를 시켜 원나라에 있는 소녀를 찾도록 했지요. 그런데 어찌된 일인지 원나라로 갔던 신하가 혼자 돌아온 게 아니겠어요?

"왜 혼자 온 것이냐? 소녀를 찾지 못한 것이냐?"

왕의 물음에 신하는 뜸을 들이며 대답하지 못했어요.

"어허, 빨리 말하지 못할까!"

"그, 그게, 전하께서 찾으시는 소녀는 이미 죽고 없었사옵니다."

신하의 말에 충선왕은 가슴이 무너져 내리는 것 같았어요. 소녀에 대한 미안함에 눈물이 흘러내렸지요. 충선왕은 신하들에게 이렇게 명령을 내렸어요.

"궁궐 뜰에 봉선화를 한가득 심도록 하라."

얼마 후 궁궐 뜰 안에는 새빨간 봉선화가 가득 피어났어요. 충선왕은 봉선화를 보며 소녀와의 추억을 떠올렸답니다. 이 무렵부터 많은 고려 여인들이 너도나도 손톱에 봉선화 물을 들였다고 해요.

◎ '뜸을 들이다'는 '잘 이루어지도록 충분히 무르익게 하다'라는 뜻도 지니고 있는데요. 이 뜻은 대표적으로 '밥에 뜸을 들이다'라고 할 때 쓰여요.

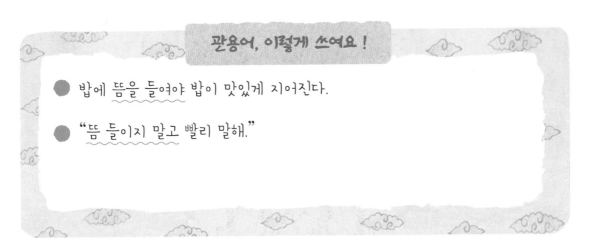

관용어, 이렇게 쓰여요!

● 밥에 <u>뜸을 들여야</u> 밥이 맛있게 지어진다.

● "<u>뜸 들이지</u> 말고 빨리 말해."

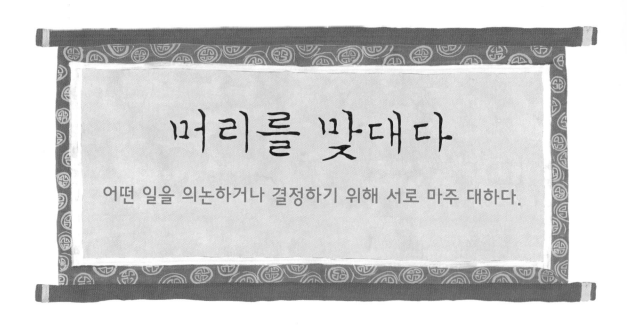

머리를 맞대다

어떤 일을 의논하거나 결정하기 위해 서로 마주 대하다.

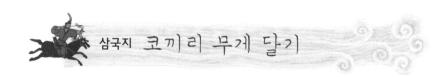

삼국지 코끼리 무게 달기

위나라의 왕 조조에게는 조충이라고 하는 아주 총명한 아들이 있었어요. 조조는 어린 아들 조충을 끔찍이 아꼈지요. 그러던 어느 날이었어요. 조조가 커다란 코끼리를 선물로 받게 되었답니다.

조조는 기뻐하며 어린 아들을 데리고 신하들과 함께 코끼리를 보러 갔어요. 코끼리는 정말 어마어마하게 컸지요. 코끼리를 보던 조조는 문득 이렇게 커다란 코끼리의 무게는 과연 얼마나 나갈지 궁금해졌어요.

"누가 이 코끼리의 무게를 잴 수 있겠느냐?"

조조가 신하들에게 물었어요.

"나무를 베어 큰 저울을 만들면 됩니다."

한 신하가 말했어요.

"소용없습니다. 누가 그렇게 큰 저울을 들어 올리겠습니까?"

다른 신하가 대답했지요.

"코끼리를 죽여 한 덩이, 한 덩이 나누어 무게를 재면 어떻겠습니까?"

"어허, 무게를 달자고 살아 있는 생명을 죽이잔 말이냐!"

조조는 신하의 어이없는 말에 소리를 버럭 질렀어요. 조조는 점점 더 코끼리의 무게가 궁금해졌답니다. 하지만 신하들과 머리를 맞대고 생각해 보아도 도무지 좋은 방법이 떠오르지 않았지요.

"어허, 정말 좋은 수가 없단 말이냐?"

조조가 깊은 한숨을 내쉬며 말했어요. 신하들은 서로 눈치만 보며 아무 말도 하지 못했지요. 이때였어요.

"아버지, 제게 좋은 방법이 있어요."

조조의 어린 아들 조충이 앞으로 나서며 말했어요.

"아니, 어린 네가 말이냐? 그래, 무슨 방법인지 들어 보자꾸나. 어떻게 저 커다란 코끼리의 무게를 잴 수 있다는 것이냐?"

"그건요, 코끼리를 큰 배에 태워 보면 알 수 있을 거예요. 코끼리를 실은 뱃전에 물이 얼마만큼 올라오는지 배에 표시를 해 두세요. 그런 다음 코끼리를 배에서 내린 뒤, 표시한 선에 물이 올라올 때까지 돌을 실으세요. 그다음 다시 그 돌들을 내리고 돌 하나하나 무게를 달아서 합치면 코끼리 무게가 될 거예요."

과연, 어린 아들의 생각은 정말이지 그럴듯했어요. 신하들 모두 크게 감탄한 얼굴로 조조의 어린 아들을 바라보았지요.

"오오, 뛰어난 신하들과 왕인 나마저도 생각지 못한 것을 열 살도 안 된 어린아이인 네가 생각해 내다니. 정말로 대단하구나."

조조는 아들의 총명함에 매우 기뻐하면서 껄껄 웃었답니다.

◎ 무거운 물건을 옮길 때 여러 명이서 들면 편하죠? '백지장도 맞들면 낫다'라는 속담도 있잖아요. 이렇게 어려운 일을 해결할 때, 함께 모여 생각을 떠올리기 위해 '머리를 맞대다'라는 표현이 생겼나 봐요.

● 반 아이들은 아무리 머리를 맞대고 고민해도 선생님께서 낸 수수께끼의 답을 알 수 없었어요.

● "함께 머리를 맞대고 힘을 모아도 모자랄 판에 싸우기나 하면 되겠니?"

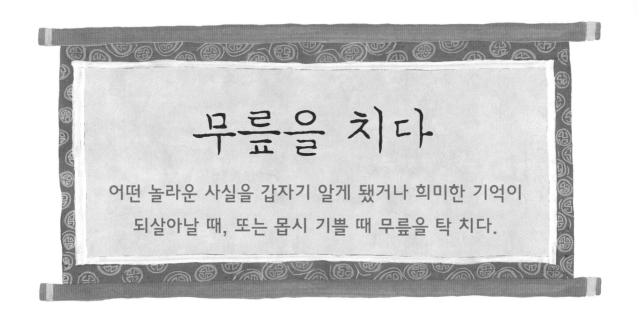

무릎을 치다

어떤 놀라운 사실을 갑자기 알게 됐거나 희미한 기억이
되살아날 때, 또는 몹시 기쁠 때 무릎을 탁 치다.

탈무드 아버지의 유서

옛날 어느 마을에 부자가 살고 있었어요. 부자의 아들은 집에서 아주 먼 곳에 있는 학교에 다니며 공부하고 있었기 때문에, 부자는 아들과 떨어져 있을 수밖에 없었답니다. 그런데 아들이 공부를 하고 있는 사이 부자가 그만 병에 걸리고 말았어요. 병은 낫지 않고 점점 깊어져 갔지요.

'안 되겠다. 죽기 전에 아들에게 남기는 유서를 써야겠어.'

부자는 마지막 힘을 다해 아들에게 남기는 유서를 썼어요.

내가 죽으면 내 모든 재산은 전부 하인에게 물려준다. 단 내 아들은 내 재산 중에서 원하는 것을 딱 한 가지만 선택해서 가질 수 있다.

유서를 쓰고 나서 며칠 후, 부자는 그만 숨을 거두고 말았어요. 그러자

114

하인은 슬퍼하기보단 기쁨에 차서 외쳤지요.

"신 난다! 이제부터 주인님의 엄청난 재산은 다 내 거다! 난 부자다!"

하인은 곧장 부자의 아들이 공부하고 있는 곳으로 가서 부자의 죽음을 알렸답니다. 이 소식을 들은 아들은 큰 슬픔에 빠져 한참 동안 울기만 했어요.

"유서를 똑똑히 보세요. 여기 분명 주인님께서 모든 재산을 저한테 주신다고 적혀 있지요? 나중에 딴말하기 없기예요."

하인은 아들에게 유서를 보여주며 단단히 일러두었어요. 유서를 받아든 아들은 뭔가 이상하다고 생각했지요.

'아버지는 나를 누구보다 사랑하셨는데, 전 재산을 저 하인에게 물려주시다니 정말 믿을 수가 없어.'

아들은 먼저 아버지의 장례를 잘 치렀어요. 그런 다음 집으로 돌아와서 천천히 다시 생각해 보았어요.

'내가 아버지의 재산 중에서 딱 하나 선택해서 가질 수 있는 게 뭘까? 뭘 선택해야 할지 모르겠어. 선생님을 찾아가 도움을 청해 보자.'

아들은 고민하던 끝에 랍비를 찾아갔어요. 그러고는 아버지의 유서를 보여주며 말했지요.

"선생님, 아버지께선 왜 이런 유서를 남기셨을까요? 아무리 생각해도 이해할 수가 없어요. 전 지금까지 아버지를 화나게 하거나 실망시켜 드린 적이 없거든요. 아버지께서도 저를 무척 사랑하신다고 생각했는데 아니었나 봐요."

"자네 아버지는 자네를 무척 아끼시고 사랑하신 게 맞네. 그리고 매우

지혜로운 분이시네."

아버지의 유서를 보며 생각에 잠겨 있던 랍비가 말했어요.

"저를 사랑하신다면 왜 전 재산을 하인에게 물려주고 저에겐 그 재산 중에서 단 한 가지만 선택해서 가질 수 있다고 하신 걸까요? 이해를 못 하겠어요."

아들이 몹시 혼란스러운 표정으로 말했지요.

"자네도 자네 아버지처럼 지혜를 짜내 보게. 자네 아버지는 자기가 죽고 난 뒤의 일을 걱정했던 것일세. 자네가 먼 곳에 있기 때문에 하인이 전해 주지 않는 이상 아버지의 죽음을 알 수가 없지 않은가? 그런데 만약 하인이 아버지의 죽음을 알리지도 않고 아버지의 재산을 가지고 도망친다면 어떡하겠나? 그래서 모든 재산을 하인한테 주겠다고 하신 거지. 그러면 하인이 기뻐서 자네한테 아버지의 죽음을 빨리 알릴 테니까."

"아버지의 죽음을 그냥 지나치지 않고 빨리 알게 된 건 다행이지만 그게 저한테 무슨 이익이 된다는 겁니까? 재산은 다 하인의 소유인걸요."

"생각해 보게. 하인의 모든 재산은 주인 것이 아닌가? 아버지께서는 자네에게 원하는 것 하나만 선택해서 가질 수 있다고 하셨지."

랍비의 말에 잠시 생각하던 아들은 이제야 알겠다는 듯 무릎을 치며 말했어요.

"아하, 그렇군요. 이제야 알겠어요! 저는 딱 한 가지, 하인을 선택하면 되는 것이군요! 그렇다면 하인의 재산도 모두 제 것이 되겠지요. 알려주셔서 고맙습니다, 선생님."

아들은 아버지의 지혜에 감탄하며 집으로 돌아왔어요. 그리고 자기가 선택해서 가질 수 있는 딱 한 가지로 하인을 선택했지요. 하지만 하인을 선택한 후엔 하인에게 재산을 넉넉히 나누어 주며 자유를 주었어요. 아들은 아버지처럼 지혜로운 사람이 되어야겠다고 다짐했답니다.

◎ 좋은 생각이 날 때 무릎을 '탁' 하고 치는 걸 보면, 떠오르는 장면이 있어요. 판소리에서 소리꾼이 중요한 대목을 이야기할 때마다 고수가 북을 쳐서 추임새를 넣는 모습이에요. 어때요, 비슷하지 않나요?

관용어, 이렇게 쓰여요!

● 여자 친구가 왜 화가 났는지 몰라서 답답해하던 남자는 동생이 사 온 케이크를 보자마자 무릎을 치며 말했어요. "아! 생일인 걸 깜빡하다니! 화낼 만해."

● "잘 들어 봐. 방금 무릎을 탁 칠 만큼 좋은 생각이 떠올랐거든."

탈무드 밭에서 나온 금화

옛날에 아주 친한 두 친구가 있었어요. 그런데 어느 날, 두 친구 사이에 말다툼이 벌어지고 말았답니다. 밭에서 금화가 가득 든 상자가 나왔기 때문이에요.

"어서 이걸 받아. 이건 네 거야."

"아냐, 받을 수 없어. 이건 네 거야."

두 친구는 금화 상자를 서로 떠넘기며 계속 실랑이를 했어요.

"이렇게 하다간 끝이 안 나겠다. 랍비 선생님을 찾아가 보자."

두 친구는 랍비 선생님을 찾아갔어요.

"선생님, 며칠 전에 제가 이 친구 밭을 샀거든요. 그래서 밭을 갈고 있는데 이 금화 상자가 나온 거예요. 전 이 친구한테 밭을 샀을 뿐이지 이 금화 상자를 산 건 아니니, 이 금화는 친구 것이 맞지요?"

"아닙니다. 전 이미 이 친구에게 밭을 팔았으니, 그 밭에서 나온 건 모두 이 친구 것이 아닙니까? 그렇지요?"

두 친구의 말을 들은 랍비는 잠시 고민하다 입을 열었어요.

"두 사람 모두 자식이 있소?"

"네. 저는 이제 나이가 차서 시집보내야 할 딸이 있고, 이 친구도 곧 장가를 보내야 할 아들이 있습니다."

"그거 잘되었소. 그럼 두 사람의 아들과 딸을 결혼시킨 뒤에 그 아들딸에게 이 금화를 물려주면 되지 않겠소?"

"아하, 그렇군요. 그러면 되겠어요!"

두 친구는 랍비의 해결책에 무릎을 탁 치며 환해진 얼굴로 돌아갔답니다.

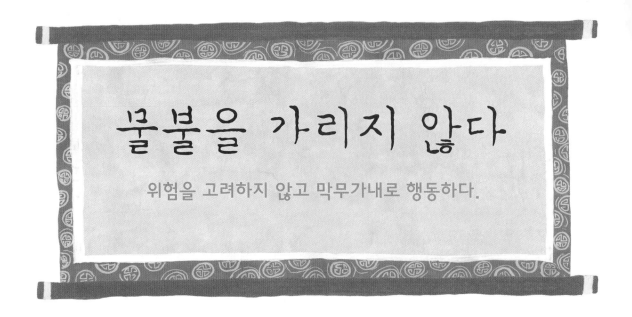

물불을 가리지 않다

위험을 고려하지 않고 막무가내로 행동하다.

 사람에겐 얼마만큼의 땅이 필요한가?

어느 마을에 바흠이라는 남자가 살고 있었어요. 바흠은 돈을 주고 남의 땅을 빌려서 농사를 짓고 사는 소작농이었지요. 바흠은 열심히 일했지만 그의 형편은 늘 가난했답니다. 농사가 잘되어 풍년이 들었을 때에도 땅 주인에게 빌린 땅값을 지불하고 나면 남는 돈이 별로 없었어요.

'아아, 도저히 안 되겠어. 이러다간 아마 평생 가난하게 살게 될 거야. 나한테도 내 땅이 필요하다고. 넓디넓은 내 땅!'

바흠은 정말이지 자기 소유의 땅이 무척이나 갖고 싶었어요. 자기 땅만 있다면 가난에서 벗어날 수도 있고 평생 행복하게 살 수 있을 것 같았답니다. 하지만 지금 가진 돈으로는 농사를 지을 정도로 넓은 땅을 사기

란 힘들었지요. 그러던 어느 날이었어요. 바흠은 길을 가던 나그네에게서 깜짝 놀랄 만한 소식을 듣게 되었답니다. 저 먼 곳에 있는 어떤 마을에서 땅을 아주 싼 값에 많이 판다는 거예요.

'당장 가서 땅을 사야지. 내 땅만 가질 수 있다면 뭐든 할 수 있어!'

바흠이 마을에 도착하기까지는 7일이나 되는 시간이 걸렸답니다. 바흠은 숨 돌릴 틈도 없이 촌장을 찾아갔지요.

"땅을 사러 왔소. 얼마를 내면 됩니까?"

바흠이 물었어요.

"1,000루블을 내시오. 그런 다음, 내일 아침 해가 뜨면 출발선을 정하시오. 그리고 가지고 싶은 땅 넓이만큼 걸어간 후에 거기에다 반환점을 표시하시오. 그런 후에 다시 출발선으로 돌아오는 거요. 단, 해가 지기 전에 돌아와야 당신이 걸어온 땅이 당신 게 되는 것이오."

촌장의 말에 바흠은 뛸 듯이 기뻤어요. 해가 뜰 때부터 해가 질 때까지 열심히 걷기만 하면 그 땅이 모두 다 자기 것이 된다니, 정말 큰 횡재를 했다고 생각했어요.

"정말이죠? 나중에 딴말하기 없어요. 자, 여기 1,000루블이오."

바흠이 1,000루블을 내놓았어요. 언젠가 자기 땅을 사기 위해 지금까지 모은 돈이었지요. 계약을 끝낸 바흠은 곧장 숙소로 돌아와 잠을 청했어요. 푹 자고 일어나야 내일 더 많이 걸을 수 있을 테니까요.

다음 날 아침이 밝았어요. 바흠은 비장한 각오로 출발선에 섰어요.

"이제 출발하시오. 해가 지기 전에 돌아와야 한다는 걸 잊지 마시오."

촌장이 말했어요. 바흠은 고개를 끄덕이곤 드디어 길을 나섰답니다.

바흠은 걷고 또 걸었어요. 걸을수록 농사짓기에 더 좋은, 비옥한 땅이 펼쳐졌답니다.

'이야, 전부 욕심나는 땅들뿐이구나. 갈수록 더 좋은 땅이 나오니 조금만 더 가 봐야겠다.'

바흠은 멈추지 않고 계속 걸었어요. 그러는 사이 점심때가 훌쩍 지났지요. 아직 반환점을 찍지 않았는데 말이에요.

'이런, 벌써 해가 지고 있잖아? 빨리 돌아가야겠다.'

앞으로 걷기만 하던 바흠은 깜짝 놀라고 말았어요. 날이 어두워지기 시작했으니까요. 바흠은 그제야 반환점을 표시하고 출발선을 향해 뛰기 시작했지요. 하지만 뛰고 또 뛰어도 출발선은 좀처럼 보이지 않았어요.

'아, 이러다 출발선에 도착하지 못하면 어쩌지? 안 돼, 그럴 순 없어! 어떻게 해서든지 이 땅들을 꼭 내 땅으로 만들고 말 거야!'

바흠은 너무 뛰어서 숨이 차 죽을 지경이었지만, 좋은 땅을 얻기 위해서 물불을 가리지 않고 계속 뛰었답니다.

마침내, 저 멀리 있는 출발선이 눈앞에 보이기 시작했어요. 바흠이 오기를 기다리고 있는 촌장의 얼굴도 보였지요.

'아아, 드디어 그 많은 땅들이 다 내 것이 되는구나. 조금만 더 힘을 내자. 조금만 더!'

바흠은 젖 먹던 힘까지 짜내서 출발선 지점을 통과했어요. 해는 아직 지지 않았지요. 마을 사람들의 박수가 터져 나왔어요.

"축하하오. 당신이 걸어 온 땅들은 이제 모두 당신 것이오."

촌장이 웃으며 말했어요.

"그, 그래요. 다 내, 내 땅입니다, 내 땅."

바흠이 힘겨운 목소리로 말했어요. 그러고는 자신이 걸어 온 땅을 돌아보며 미소 지었지요. 그런데 그때였어요. 땅을 보고 웃으며 서 있던 바흠이 갑자기 푹 고꾸라지는 게 아니겠어요?

"이보시오, 정신 차려 보시오! 이보시오!"

사람들이 쓰러진 바흠을 흔들어 보았지만 바흠은 영영 일어나지 못했어요. 짧은 시간 너무 긴 거리를 뛰어온 나머지 지쳐 죽고 만 거예요.

아주 많은 땅을 원했던 바흠. 그런 바흠에게 허락된 땅은 결국 자기가 묻힐 조그만 무덤뿐이었지요.

◎ 부탕도화(赴湯蹈火)라는 고사성어가 있어요. '끓는 물과 타는 불에 뛰어든다'라는 뜻으로, 용감한 군인의 모습을 나타내는 말이에요. '물불을 가리지 않다'라는 관용어와 같은 뜻이지요.

관용어, 이렇게 쓰여요!

● 왕자는 공주를 구하기 위해 물불을 가리지 않고 못된 괴물에게 덤벼 들었어요.

● "난 이 콘서트 표를 구하려고 물불을 가리지 않았어."

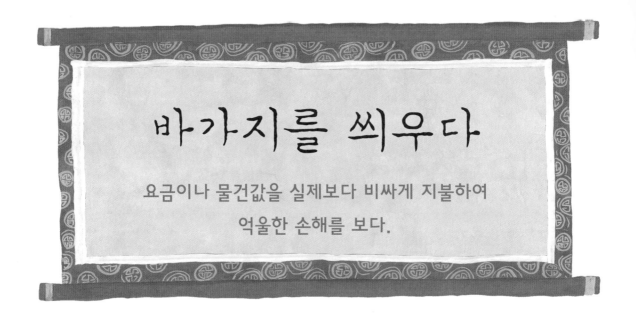

바가지를 씌우다

요금이나 물건값을 실제보다 비싸게 지불하여
억울한 손해를 보다.

설화 꾀돌이 '봉이 김선달'

옛날에 김선달이라는 사람이 살고 있었어요. '선달'은 과거 시험에 급제했지만 아직 벼슬을 얻지 못한 사람을 가리키는 말이었답니다.

하루는 김선달이 장터 구경을 나서게 되었어요. 장터를 이리저리 구경하던 김선달은 어느 닭집 앞에서 걸음을 멈췄어요. 닭집에 꼬리가 길고 벼슬이 유난히 큰 수탉이 있었기 때문이에요.

"이보시오, 이건 무슨 새요?"

김선달이 모른 척하며 닭 장수에게 물었어요. 김선달의 물음에 닭 장수는 어이가 없었어요.

김선달을 바보라고 확신한 닭 장수는 거드름을 피우며 대답했어요.

“이것은 봉이라는 아주 귀한 새요.”

“아하, 그래요? 그럼 값도 비싸겠군요?”

“그럼요. 비싸고말고요. 두 냥에 팔아도 내가 손해요.”

닭 장수는 원래 닭 값의 세 배도 넘는 금액을 얘기했어요. 닭도 모르는 이 멍청한 손님에게 잔뜩 바가지를 씌우려는 속셈이었지요.

김선달은 가진 돈을 전부 다 털어 닭을 사게 되었어요. 그리고 닭을 들고 곧장 사또가 있는 관아로 갔답니다.

“사또, 사또께 귀한 봉을 바치려고 왔습니다.”

“어허, 이 무슨 헛소리냐? 이건 닭이 아닌가?”

사또는 너무 어이가 없어서 웃음이 새어 나왔어요.

“아닙니다! 이것은 닭이 아니라 봉입니다, 봉!”

“네 눈엔 저 닭 벼슬이 보이지 않더냐? 저건 닭이니라.”

“아닙니다. 글쎄 봉이라도요!”

김선달은 계속 닭이 아니라 봉이라고 말했어요. 답답함에 소리를 버럭 지르기까지 했지요.

“이런 고얀 놈을 보았나! 누구 앞이라고 거짓을 고하느냐? 안 되겠다. 여봐라, 당장 이놈에게 곤장을 쳐서 정신이 번쩍 들게 해 주어라.”

화가 난 사또는 김선달에게 곤장 스무 대를 때리는 벌을 내렸답니다.

“아이고, 사또. 저는 거짓말을 한 게 아닙니다. 요 앞 장터에서 닭 장수가 봉이라고 하며 판 겁니다. 원래 닭 값보다 세 배나 받고서요.”

김선달이 시퍼렇게 멍든 엉덩이를 보고 울상을 지으며 말했지요. 사또가 김선달을 보아하니, 거짓말을 하는 것 같지는 않았어요. 뭔가 이상하

다고 느낀 사또는 사람을 시켜 닭 장수를 불러오도록 했답니다.

"네가 이자에게 수탉을 봉이라 속여 팔았느냐?"

사또가 닭 장수에게 물었어요.

"그, 그게, 속여 판 것이 아니옵고 세상에 닭도 모르는 바보가 어딨나 싶어 장난을 친 것입니다. 이자도 닭으로 알고 사지 않았겠습니까?"

"아니, 뭐라고? 당신이 봉이라고 해서, 닭 값보다 훨씬 비싼 돈을 주고 샀다가 집에 가는 길에 생각해 보니 이리 귀한 물건은 나 같은 사람보다 귀하신 사또께 바쳐야겠다고 생각해서 이리 된 것인데, 그럼 내가 사또를 속인 게 되었잖소? 사또를 속인 죗값은 당신이 받아야겠소!"

김선달이 닭 장수에게 화를 버럭 내며 말했어요.

"진정하시오. 내가 그냥 닭 값 두 냥을 돌려드리리다."

김선달의 기세에 눌린 닭 장수가 대답했어요.

"그렇게 할 수 없소! 당신은 죗값을 받아야 한다니까!"

"그냥 두 냥을 준다니까요."

"어허. 여기서 싸우지들 말고 밖에 나가서 화해하도록 하라."

사또는 시끄러운 두 사람에게 이렇게 이르고는 자리를 떠났답니다.

"자 여기, 닭 값 두 냥이오."

관아를 나온 닭 장수가 김선달에게 두 냥을 내밀었어요. 그러자 김선달이 고래고래 소리를 지르기 시작했어요.

"아이고 나 죽네. 어이구 내 엉덩이야. 물건 한 번 속아서 산 대가로 죄 없는 사람이 곤장을 스무 대나 맞다니. 이 시퍼런 엉덩이는 어떻게 할 거요? 따지고 보면 이게 다 당신 때문 아니오!"

"그럼 내가 어떻게 하면 좋겠소?"

"두 냥을 주는 건 당연하고, 내 곤장 값으로 스무 냥을 더 줘야 하오."

결국 김선달은 닭 장수에게 스물두 냥을 받아 냈어요. 이때부터 사람들은 김선달을 '봉이'라는 별명으로 부르게 되었답니다.

◎ '바가지를 쓰다'의 유래에 대해서는 의견이 다양하지만 꽤 재미있는 유래로 전해져 오는 것이 하나 있어요. 조선 개화기 때 중국에서 '십인계'라는 도박이 알려졌는데요. 십인계는 1에서 10까지의 숫자가 적힌 바가지를 섞어서 엎어 놓고 각자 원하는 바가지에 돈을 걸면서 하는 도박이에요. 열 개의 바가지를 엎어 놓고 주인이 말한 숫자가 들어 있는 바가지를 맞추는 건데요. 숫자가 들어 있는 바가지에 돈을 건 사람이 나머지 다른 바가지에 돈을 건 사람들의 돈을 전부 갖게 돼요. 사람들이 전부 틀렸을 경우엔 주인이 돈을 모두 차지하게 된답니다.

이렇게 바가지에 적힌 숫자를 맞추지 못할 때 돈을 잃기 때문에 '바가지를 쓴다'는 말이 '손해를 보다'라는 뜻으로 사용돼 왔다는 이야기가 있대요.

관용어, 이렇게 쓰여요 !

● 휴가철을 맞아 상인들은 관광객들에게 바가지를 씌웠어요.

● "정말 화가 난다고! 글쎄 문방구 주인 아저씨가 우리한테 바가지를 씌운 거 있지?"

설화 봉이 김선달의 대동강 물 팔기

한양 장사꾼들이 평양에 왔을 때의 일이었어요. 사실 한양 장사꾼들은 사람들에게 사기를 치고 다니는 못된 자들이었지요. 김선달은 이 장사꾼들을 골려 주고자 대동강 물을 길어 나르는 물장수들에게 술을 사 주며 말했어요.

"이보게들. 여기 동전을 나눠 줄 테니 내일부터 물을 길어 갈 때마다 내가 준 이 동전을 나한테 한 닢씩 다시 돌려주게."

물장수들은 그러겠다고 대답했지요. 다음 날, 김선달은 높은 양반처럼 옷을 잘 갖춰 입고 대동강 길목에 서서 물장수들을 기다렸어요. 물장수들은 김선달 앞을 지날 때 어제 김선달에게서 받은 동전을 주고 갔지요. 이 모습을 지나가던 한양 장사꾼들이 보게 되었답니다.

'오호, 물장수들이 물을 퍼 갈 때 저 사람에게 돈을 주고 가는 걸 보니 저자가 이 대동강 물의 주인인가 보다. 대동강이 이렇게나 크니 떼돈을 벌겠는걸?'

이렇게 생각한 한양 장사꾼들은 김선달에게 갔어요. 장사꾼들은 김선달에게 천 냥을 줄 테니 대동강을 자기들에게 팔라고 했지요. 그러자 김선달이 콧방귀를 뀌며 대꾸했어요.

"어림없소. 사천 냥은 주어야 하오."

"이크, 그렇게나 많이? 너무 바가지를 씌우는 거 아니오?"

잠시 고민하던 한양 장사꾼들은 결국 사천 냥을 주고 대동강 물을 샀답니다. 그리고 다음 날이 되자 장사꾼들은 물장수들에게 돈을 받으려고 했어요. 그런데 물장수들이 돈을 내지 않고 그냥 지나치는 게 아니겠어요?

"당신들 바보요? 이 물은 나라 것이고 백성들 것이지, 주인이 어디 있소?"

그제야 한양 장사꾼들은 봉이 김선달에게 속았다는 사실을 알았지만 부끄러움에 아무 말도 할 수가 없었답니다.

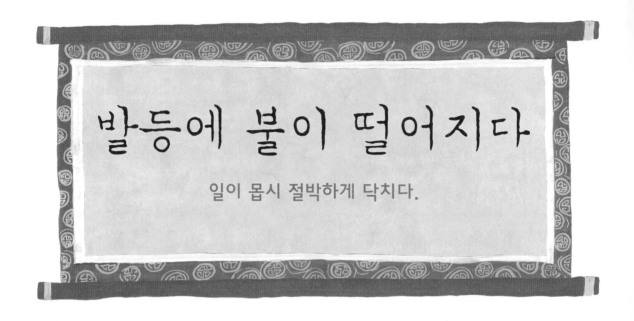

발등에 불이 떨어지다

일이 몹시 절박하게 닥치다.

설화 복을 불러오는 황금 개구리

옛날에 김희순이라는 사람이 살고 있었어요. 그의 집안에는 조상 대대로 내려오는 귀한 보물이 한 가지 있었지요. 바로 개구리 모양의 연적이었어요. 연적은 벼루에 먹을 갈 때 쓸 물을 담아 두는 그릇을 말하는 것인데요. 김희순네 연적은 비싼 황금으로 만든 데다가 복을 불러 온다고 하여 귀하게 여겨졌답니다.

어느 날이었어요. 마을에 산적이 쳐들어와 사람들의 귀중한 물건을 모조리 훔쳐 가는 사건이 일어났지 뭐예요? 황금 개구리 연적을 빼앗길 수 없었던 희순은 하인에게 연적을 건네주며 말했어요.

"이걸 가지고 도망 가 있다가 산적 떼가 사라지면 가지고 오너라."

하인은 알겠다고 대답하고 멀리 사라졌어요. 그 사이 산적들은 한바탕 소란을 피우고 사라졌지요. 희순은 이제 하인이 돌아오기를 기다렸지만 며칠을 기다려도 하인은 오지 않았어요. 그래서 직접 하인을 찾아 나섰답니다. 한참을 찾아 헤맨 끝에 드디어 하인을 찾을 수 있었습니다. 그런데 하인은 어쩐 일인지 전보다 넉넉한 형편으로 살고 있었지요.

"잘 있었느냐? 내 보물, 황금 개구리 연적을 찾으러 왔다."

"어이구, 주인님. 정말 죄송합니다. 제가 그걸 팔아서 생선 가게를 차렸어요. 이제 돈을 좀 벌었는데 만약 저를 용서해 주신다면 제 돈으로 다시 그 황금 개구리 연적을 찾아오겠습니다."

하인이 진심으로 잘못을 빌기에 희순은 하인을 용서해 주고 기다리기로 했어요. 얼마 후, 하인이 황금 개구리를 찾아 가지고 돌아왔답니다. 희순은 하인과 작별 인사를 나누고 다시 자기 마을로 길을 떠났어요.

한참 길을 가던 희순은 목이 말라 앞에 있는 냇가로 가서 목을 축이기로 했지요. 그런데 냇가 앞으로 다가간 희순은 깜짝 놀라고 말았어요. 냇가를 건너던 한 청년이 발을 헛디뎌 냇가에 풍덩 빠져 버린 것입니다. 청년은 헤엄칠 새도 없이 급류에 휘말려 떠내려가고 말았답니다.

"저런, 저런! 안 돼!"

놀란 희순은 청년이 휩쓸려간 곳을 따라서 뛰어갔어요. 청년은 물이 아주 깊은 곳에서 허우적대고 있었지요. 희순은 발만 동동 굴렀어요. 그런데 때마침, 젊은 사내 두 명이 낚시를 하기 위해 다가왔답니다.

"이보시오. 저기 사람이 물에 빠졌소. 저 사람을 구해 주시오!"

"잘못하면 빠져 죽을 수도 있는데 우리가 뭐 때문에 구해야 되죠?"

사내들이 냉정하게 대꾸했어요.

"만약 저 청년을 구해 준다면 이 황금 개구리 연적을 드리겠소!"

발등에 불이 떨어진 희순은 품 안에서 연적을 꺼내 보이며 소리쳤어요. 황금 연적을 본 사내들은 서로 눈짓을 주고받더니 청년을 구하기 위해 물속으로 뛰어들었답니다. 조금 뒤, 청년은 무사히 구출되어 나올 수 있었어요. 그리고 희순은 약속대로 사내들에게 황금 개구리 연적을 주었지요. 희순은 청년이 정신을 들 때까지 그를 돌봐 주었답니다.

"저를 구해 주셔서 진심으로 감사해요. 감사의 뜻으로 제가 꼭 대접을 하고 싶습니다. 저와 함께 가시지요."

정신이 돌아온 청년은 희순에게 진심으로 고마워하며 말했어요. 희순은 당연한 일을 했을 뿐이라고 생각해서 그냥 가려고 했지만 청년이 하도 간절히 부탁하기에 청년을 따라나서게 되었답니다.

청년의 집은 으리으리한 부잣집이었어요. 청년은 하인들에게 맛있는 음식을 차려 오라고 말했지요.

"아버님, 제가 물에 빠져 죽을 뻔한 걸 이분께서 구해 주셨습니다. 가지고 있던 황금 개구리 연적을 팔아서요. 뿐만 아니라 제가 정신이 들 때까지 저를 돌봐 주셨습니다."

"오오, 정말 감사합니다. 이 은혜를 어찌 다 갚는단 말입니까?"

"아닙니다. 은혜라니요. 당연한 일을 했을 뿐인걸요."

"제 아들을 구하느라 쓰신 황금 개구리 연적을 찾아 드리겠습니다."

청년의 아버지는 하인들에게 돈을 주며 황금 개구리 연적을 찾아오라고 시켰어요. 그리고 얼마 안 있자, 정말 하인들이 귀신같이 연적을 찾아왔지요. 황금 개구리 연적을 다시 찾게 된 희순은 뛸 듯이 기뻤어요.

"이리 다시 찾아주셔서 감사합니다. 사실 이 연적이 복을 불러들이는 황금 개구리라 하여 집안 대대로 전해져 오는 가보거든요."

"이것만으로는 은혜를 다 갚기 어렵습니다. 제 아들이 삼대독자랍니다. 하나뿐인 아들을 구해 주신 분께 무엇인들 못해 드리겠습니까?"

청년의 아버지는 이렇게 말하며 희순에게 쌀 200가마니와 천 냥이나 되는 매우 큰돈을 선물로 주었어요.

"과연 이 황금 개구리가 복을 불러오는 황금 개구리가 맞구나. 허허."

생각지도 않게 갑자기 큰 부자가 된 희순은 흐뭇하게 웃으며 황금 개구리 연적을 쓰다듬었답니다.

◎ 정말로 발등에 불이 떨어지면 어떻게 될까요? 아무리 게으른 사람이라도 발을 동동 구르며 어쩔 줄 몰라 하겠죠. 그 모습이 일이 절박하게 닥친 사람의 모습과 닮아서 '발등에 불이 떨어지다'라는 말이 나온 거예요.

관용어, 이렇게 쓰여요!

● 이순신 장군의 기습 공격에 발등에 불이 떨어진 왜군들은 앞다투어 도망가기 시작했어요.

● "시험이 코앞이라 발등에 불 떨어졌어. 벼락치기라도 하는 수밖에."

발등을 찍히다

남에게 배신을 당하다.

 삼국유사 바다의 왕, 장보고의 죽음

신라의 신무왕이 왕위에 오르기 전의 일이었어요. 어느 날 신무왕이 장보고 장군이 있는 청해진으로 찾아와서 말했답니다.

"지금의 왕을 몰아내고 내가 왕이 될 수 있게 도와주시오. 만약 그대가 날 도와주어 내가 왕위에 오른다면 장군의 딸을 왕비로 맞이하겠소."

평소 신무왕과 가까운 사이로 지내던 장군은 아무 망설임 없이 신무왕의 제안을 받아들이기로 했지요. 그리고 신무왕은 장보고 장군의 도움으로 왕위에 오르는 데 성공했답니다. 왕위에 오른 신무왕은 약속을 지키기 위해 신하들 앞에서 말했어요.

"경들은 들으시오. 나는 장보고 장군의 딸을 왕비로 맞이하겠소."

신무왕의 말을 들은 신하들은 술렁이기 시작했어요.

"전하, 그것은 안 될 말이옵니다."

"맞습니다, 전하. 장보고는 용맹한 장군이기는 하나 본래 신분은 미천한 자이옵니다. 미천한 신분인 자의 딸을 왕비로 맞이하시다니요?"

"그렇습니다, 전하. 아니되옵니다. 그 생각을 거두어 주시옵소서."

결국 신무왕은 장보고 장군과의 약속을 지킬 수 없었답니다. 장보고 장군은 몹시 실망했어요. 왕을 원망하는 마음까지 생겨났지요.

'나는 목숨을 바쳐 왕이 되도록 도와주었는데, 약속 하나 지키지 못하다니!'

장군은 언젠가 왕에게 복수를 하리라 다짐했어요. 그런데 신무왕의 신하들이 장군의 이런 속내를 눈치채고 말았지요. 약속을 거절당한 장군이 어떤 반응을 보일지 촉각을 곤두세우고 있었거든요. 위기를 느낀 신하들이 신무왕에게 말했어요.

"전하, 장보고가 반란을 일으키려고 한답니다. 장보고를 없애셔야 하옵니다."

"뭣이? 그게 사실이냐? 그렇다면 어서 장보고를 없애도록 하라."

왕은 깜짝 놀라며 명령을 내렸어요. 이때 왕의 앞으로 염장이라는 자가 나서서 말했지요.

"폐하, 제가 다녀오겠습니다."

그리하여 염장은 장보고 장군이 있는 청해진으로 가게 되었답니다.

"돌아가라. 너희들이 왕을 부추겨 내 딸을 왕비로 삼지 못하게 한 것을 모르는 줄 아느냐? 어서 썩 꺼져라!"

염장을 본 장군은 버럭 화를 내며 염장을 쫓아내려고 했어요.

"장군, 그게 아닙니다. 난 신하들 틈에서 장군 편을 들다가 죽을 뻔했습니다. 내가 여기 온 건 쫓겨났기 때문입니다. 나를 받아 주시오."

염장이 애처로운 눈빛으로 장군에게 사정했어요. 이런 염장의 거짓 연기에 속아 넘어간 장군은 염장을 받아들였지요. 그러고는 함께 술을 마셨답니다. 얼마 후, 장군은 얼큰하게 술이 취했어요. 여태까지 술을 마시는 척하던 염장은 장군이 술에 취한 것을 확인하고 칼을 꺼내 들었지요. 그리고 장보고 장군을 향해 칼을 휘둘렀어요.

"나, 나는 너를 믿어 주었는데 네가 나를 죽이다니!"

믿었던 염장에게 발등을 찍힌 장보고 장군은 숨을 거두고 말았답니다.

◎ '발등을 찍히다'와 비슷한 뜻을 가진 속담으로 '믿는 도끼에 발등 찍힌다'는 말이 있어요. 이 말은 '믿고 있던 사람이 배신하여 오히려 해를 끼친다'는 뜻이에요.

관용어, 이렇게 쓰여요!

● 믿었던 사장에게 발등을 찍힌 직원들은 하루아침에 일자리를 잃고 말았습니다.

● "정말 친했던 친구한테 발등을 찍혔어."

바다의 왕, 장보고가 되기까지

장보고는 원래 미천한 신분 출신으로 성씨가 없었어요. 순우리말로 '활보'라고 불렀는데요. 나중에 활보를 다시 한자로 옮겨서 '궁복'이라고 불렀죠. 그러다가 당나라로 건너가서 장수로 출세를 하면서 '장보고'라는 이름을 지었다고 해요.

당나라로 가서 활동하던 장보고는 어느 날 신라로 돌아갈 결심을 하게 되는데, 그건 신라 사람들이 당나라 해적들에게 잡혀 와서 중국 땅에 노예로 팔려 나가는 모습을 보았기 때문이에요.

신라로 간 장보고는 왕에게 당나라의 해적들로부터 신라인들을 지킬 수 있게 해 달라고 청해요. 장보고의 청을 받아들인 왕은 장보고에게 1만 명의 군사를 주고 청해진을 설치하게 하죠. 청해진은 지금의 완도 땅에 설치되었는데요. 이곳은 일본과 중국의 무역로상에 위치하고 있어서 해적 소탕을 하기에는 딱 맞는 장소였지요.

청해진을 설치하고 자리를 잡은 장보고는 그때부터 신라인들을 잡아가는 당나라의 해적들을 모조리 소탕하죠. 뿐만 아니라 그 주변의 해상권을 장악하고 당나라와 신라, 일본을 연결하는 국제 무역을 주도하면서 큰 이익을 얻기도 했어요. 그래서 사람들이 그를 '바다의 왕 장보고' 라고 부른 것이랍니다.

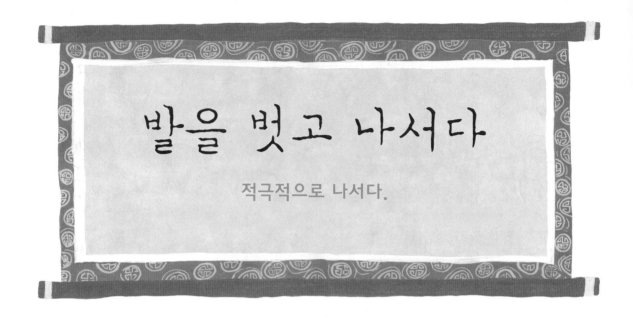

발을 벗고 나서다

적극적으로 나서다.

일본 설화 복숭아 동자, 모모타로

옛날에 마음씨 좋은 할아버지와 할머니 부부가 살고 있었어요. 할아버지와 할머니는 서로를 아껴 주며 잘 살고 있었지만, 한 가지 아쉬운 점이 있었어요. 바로 귀여운 자식이 없다는 것이었지요. 어느 날 할머니가 냇가에서 빨래를 하고 있을 때였어요. 할머니 앞으로 아주 크고 탐스러운 복숭아가 두둥실 떠내려 오는 게 아니겠어요? 할머니는 할아버지와 함께 나누어 먹기 위해 복숭아를 집으로 가지고 왔답니다.

"영감, 이렇게 크고 탐스러운 복숭아는 처음 보지요?"

"그러게. 참 맛있어 보이는구려. 어서 먹어 봅시다."

할머니가 복숭아를 반으로 갈랐을 때였어요. 이게 웬일인가요? 복숭

138

아 안에 조그만 갓난아기가 있는 게 아니겠어요?

"오오, 이렇게 신기할 데가 있나! 복숭아에서 아기가 나오다니!"

"하느님이 아이가 없는 우리를 가엾게 여기고 주신 선물인가 봐요!"

할아버지와 할머니는 아기를 보고 몹시 기뻐했어요. 할아버지와 할머니는 아기에게 복숭아 동자라는 뜻의 모모타로라는 이름을 지어주고, 정성껏 아기를 키우기 시작했답니다. 모모타로는 무럭무럭 자라나서 마을에서 가장 튼튼하고 용감한 소년이 되었어요.

"이를 어쩌면 좋을꼬?"

어느 날이었어요. 밖에 나갔다 온 할머니가 깊은 한숨을 쉬었지요.

"왜 그러세요, 어머니?"

모모타로가 할머니에게 물었어요.

"글쎄, 아랫마을에 도깨비 귀신들이 나타나서 사람들을 괴롭히고 공주님을 잡아갔다는구나."

할머니의 말을 들은 모모타로는 가만 있어서는 안 되겠다고 생각했어요. 그래서 마을 사람들과 공주를 구하기 위해 발을 벗고 나서기로 했답니다.

"어머니, 제가 그 도깨비 귀신들을 물리치고 올게요."

"네가? 안 된다, 모모타로야. 네 마음은 알겠지만 너무 위험해."

"걱정 마세요, 어머니. 꼭 도깨비 귀신을 무찌르고 무사히 돌아올게요. 내일 바로 떠날 테니 어머니께선 수수경단을 좀 만들어 주세요."

다음 날 모모타로는 수수경단을 가지고 집을 나섰답니다.

모모타로가 도깨비들이 있는 곳으로 가고 있을 때였지요. 모모타로의 눈앞에 개와 원숭이 그리고 꿩이 나타났어요. 혼자 가는 것보다 이 동물들과 함께 가면 더 좋을 것 같다고 생각한 모모타로는 개와 원숭이와 꿩에게 도움을 청했어요.

"안녕, 난 모모타로라고 해. 난 지금 도깨비들을 무찌르러 가는 길이야. 함께 가서 내가 도깨비들을 물리치는 걸 도와주지 않을래?"

"글쎄요. 흐음, 모모타로 님한테서 맛있는 수수경단 냄새가 나는데요? 수수경단을 나눠 주신다면 기꺼이 도와드릴게요."

원숭이가 말했어요.

"저도요, 저도요."

개와 꿩이 맞장구쳤지요.

"자, 여기 있어. 맛있게들 먹으렴."

모모타로가 수수경단을 꺼내 놓았어요. 동물들은 수수경단을 아주 맛있게 먹었답니다.

"모모타로 님, 그럼 이제 저희와 함께 가실까요?"

꿩이 앞장서서 날며 말했어요. 개와 원숭이는 모모타로의 뒤를 따랐지요. 모모타로와 동물들은 배를 타고 강을 건너 도깨비들이 사는 곳에 도착했답니다.

"웬 놈들이냐!"

빨간 도깨비가 나타나서 소리쳤어요.

"난 너희들을 물리치러 온 모모타로다."

"건방진 녀석. 내가 단숨에 해치워 주지."

이번엔 파란 도깨비까지 나타나 모모타로 일행에게 덤벼들었어요. 드

디어 모모타로 일행과 도깨비들 사이에 싸움이 벌어졌답니다. 먼저 꿩이
부리로 도깨비의 몸을 쪼아 대고 원숭이가 도깨비의 얼굴을 할퀴었지요.
개는 도깨비의 다리를 물어뜯고요. 동물들을 얕보았던 도깨비들이 당황
하기 시작했어요. 모모타로는 이때를 놓치지 않고 가지고 온 칼을 꺼내
들었지요. 그러고는 도깨비들에게 날카롭게 휘둘렀답니다. 모모타로의
칼에 찔린 도깨비들은 깊은 상처를 입고 말았지요.

"모모타로 님, 목숨만 살려 주신다면 다시는 나쁜 짓을 하지 않겠습니다. 용서해 주십시오."

도깨비들이 눈물을 흘리며 애원했어요.

"와아! 모모타로 님과 우리들이 도깨비를 물리쳤다!"

동물들이 기쁨에 찬 목소리로 외쳤답니다. 모모타로는 재빨리 동굴 안으로 가 보았어요. 동굴 안에는 도깨비들에게 잡혀 온 공주님과 많은 보물들이 있었지요. 공주님과 함께 보물들을 가지고 무사히 마을로 돌아온 모모타로는 사람들에게 보물을 모두 나누어 주었어요. 그리고 할아버지, 할머니가 기다리시는 집으로 돌아와 행복하게 살았답니다.

◎ 우리는 흔히 무언가 집중해서 할 때 위에 걸친 옷을 벗거나 소매를 걷어붙인 후에 하곤 하잖아요. '발을 벗다'는 신발이나 양말을 신지 않은 상태를 말하는데요. 이 상태로 나선다는 건 그만큼 집중해서 적극적으로 나선다는 말이겠죠?

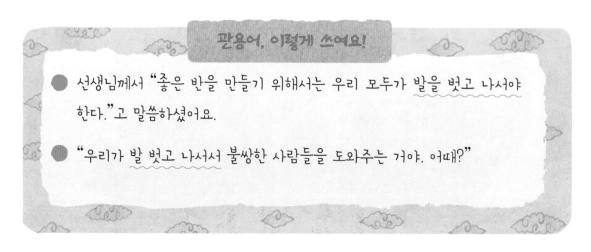

관용어, 이렇게 쓰여요!

● 선생님께서 "좋은 반을 만들기 위해서는 우리 모두가 발을 벗고 나서야 한다."고 말씀하셨어요.

● "우리가 발 벗고 나서서 불쌍한 사람들을 도와주는 거야. 어때?"

신라에 설씨녀라는 매우 아름답고 어진 마음씨를 가진 처녀가 살고 있었어요. 어느 날 설씨녀의 아버지가 나라를 지키러 먼 곳으로 떠나야 하는 일이 생겼지요. 설씨녀는 늙으신 아버지가 행여나 몸이라도 나빠지실까 봐 걱정이었어요. 그때 설씨녀를 좋아하던 가실이라는 청년이 나타나 자기가 설씨녀의 아버지 대신 떠나겠다며 발을 벗고 나섰지요. 이런 가실에게 설씨녀는 자기가 가지고 있던 거울을 반쪽으로 쪼개 한쪽을 나눠 주며 말했어요.

"이건 우리들의 정표입니다. 이 정표를 잘 간직했다가 당신이 돌아오셔서 보여 주시면 그때 혼인을 하도록 해요. 기다릴게요."

이렇게 설씨녀의 정표를 가지고 떠난 가실은 몇 년이 지나도 오지 않았어요. 설씨녀의 아버지는 가실이 죽었다고 생각하고 설씨녀를 다른 사내에게 시집보내려고 했지요. 설씨녀가 다른 사내와는 혼인하기 싫다며 버텼지만 소용이 없었어요. 결국 설씨녀의 혼인날이 오고 말았지요. 설씨녀는 마구간에 숨어서 가실이 선물로 두고 간 말을 보며 하염없이 울었답니다. 그런데 이때, 밖에서 한 사내의 목소리가 들려왔어요.

"내가 가실이오. 설씨녀를 찾아왔소. 내가 가실이란 말이오!"

설씨녀는 얼른 밖으로 뛰어나가 보았어요. 거기에는 낡고 초라한 누더기 차림의 사내가 서 있었지요. 다른 사람들이 이 거지 차림의 사내가 가실일 리 없다면서 쫓아내려고 했어요. 사내는 설씨녀에게 다가와 품에 지니고 있던 거울 반쪽을 내밀었어요. 그 거울은 설씨녀가 헤어질 때 정표로 준 바로 그 거울이었답니다.

"아아, 가실 님, 드디어 돌아오셨군요!"

마침내 만난 설씨녀와 가실은 서로 부둥켜안고 기쁨의 눈물을 흘렸답니다.

발이 떨어지지 않다

걱정으로 마음이 놓이지 않아서
선뜻 떠나지 못하다.

일화 정조 대왕과 지지대 고개

정조 대왕은 할아버지 영조 대왕의 뒤를 이어 왕위에 오른 임금이었어
요. 정조 대왕의 아버지 사도세자는 원래 왕이 되어야 할 세자의 몸이었
지만, 왕이 되지 못했지요. 당시에 신하들은 영조 대왕과 사도세자를 지
지하는 두 파로 갈려서 서로 치열하게 싸웠답니다. 그러면서 신하들은
영조 대왕과 사도세자 사이를 이간질했지요. 영조 대왕이 아들 사도세자
가 자기의 왕위를 위협한다고 생각하도록 말이죠.

"저놈을 당장 뒤주 속에 가두어라!"

영조 대왕은 결국 사도세자를 쌀을 넣어 놓는 뒤주에 가두라고 명령
했어요. 뒤주에 갇힌 사도세자가 탈출하지 못하도록 못질을 단단히 하고

무거운 돌까지 얹어 놓도록 했지요.

"할바마마, 제발 아버지를 살려 주시옵
소서! 이렇게 비옵니다!"

어린 정조 대왕이 눈물로 사정했지
만 영조 대왕은 냉정했어요. 결국 정
조 대왕의 아버지 사도세자는 뒤주
속에 갇힌 지 8일 만에 숨을 거두고
말았답니다. 어린 나이에 억울하게
아버지를 잃게 된 정조 대왕은 아
버지에 대한 그리움이 남달랐지요.
그래서 왕위에 오른 후에 아버지의
영혼을 위로하는 절을 세우기도 했
답니다.

정조 대왕은 아버지의 묘소에 자주 참배를 가곤 했는데요. 참배가 끝
나도 즉시 일어나는 법이 없었다고 해요, 늘 무덤 앞에 한참을 엎드려 있
었지요. 신하들은 궁까지 갈 길이 멀기에 늘 걱정이었어요.

"전하, 이제 그만 가셔야 하옵니다."

"마음속에 깊은 슬픔이 있는데 어떻게 쉽게 참을 수가 있겠느냐?"

정조 대왕은 이렇게 말하면서 다시 엎드려 눈물을 흘렸답니다. 이를
지켜보던 신하들의 마음까지 안타깝게 하는 순간이었지요.

슬픈 마음을 겨우 달래서 궁으로 돌아가는 길에도 정조 대왕은 쉽게
가지 못하고 한참을 더디게 움직였어요. 아버지의 묘소가 있는 수원을

떠나 궁이 있는 한양으로 가려면 북쪽 고개를 넘어야 하는데, 이 고개를 넘어서면 한동안은 다시 아버지의 묘소를 바라볼 수 없었지요. 그렇기에 정조 대왕은 쉽게 발이 떨어지지 않았답니다. 떠나는 걸 몹시 아쉬워하면서 얼마쯤 가다가 멈춰 서서 아버지가 잠들어 있는 묘소를 바라보고, 또 얼마쯤 가다가 멈춰서 다시 돌아보곤 했답니다. 이런 까닭에 이 고개를 지날 때면 왕의 행차가 너무 더디었어요. 그때부터 사람들은 이 고개를 '느리다'라는 뜻에서 지지대 고개라고 불렀답니다.

정조 대왕은 이 지지대 고개를 넘으면서 시를 한 수 지었다고 해요.

밝을 때 화성을 출발해 돌아갈 길이 먼데

지지대 고개에 이르러 늦추고 또 돌아보노라

이 시에는 아버지의 묘소를 뒤로 하고 떠나야만 하는 정조 대왕의 깊은 안타까움이 잘 나타나 있답니다.

◎ '발이 떨어지지 않다'와 반대로, 떠나야 하는데 떠나지 못하는 상황에서는 '발이 묶이다'라고 말해요.

관용어, 이렇게 쓰여요!

● 한양으로 공부하러 떠나야 하는 몽룡은 사랑하는 춘향 때문에 발이 떨어지지 않았어요.

● "처음에 시골에 내려갔을 땐 참 좋았거든. 근데 나중에 할머니랑 헤어져서 집으로 가려 하니 아쉬워서 발이 떨어지지 않았어."

개혁에 앞장선 군주, 정조 대왕

정조 대왕은 조선의 제22대 임금이에요. 사도세자의 아들이라는 이유로 임금이 되지 못할 뻔했고, 왕이 되어서도 여러 가지 힘든 시련이 많았지요. 하지만 그속에서도 빛나는 업적을 세워 조선의 가장 뛰어난 왕의 한 사람으로 칭송 받는답니다.

왕위에 오른 정조 대왕은 수원에 화성을 짓도록 했어요. 정조는 이곳으로 아버지 사도세자의 무덤을 옮겼지요. 화성은 지금 수원시에 쌓은 성곽을 말하는 것인데요. 우리나라 성곽 중에서는 보기 드물게 방어 시설이 많아서 적의 침입에 대비하는 등, 용도가 다양했다고 합니다.

화성 건축을 담당한 정약용은 최초로 신기술을 도입했는데요. 바로 '거중기'라는 것이죠. 이 거중기가 있으면 절반 정도의 힘으로도 무거운 것을 들어 올릴 수 있답니다. 덕분에 화성은 일의 능률이 높아져 빠르게 지을 수 있게 되었지요. 이 수원의 화성은 유네스코 세계 유산으로 지정되었답니다.

또 정조 대왕은 당시 흔들리고 있는 왕권을 바로 세워야 한다는 생각에서 규장각을 설치하기로 하죠. 규장각은 왕실 도서관을 말한답니다. 규장각에는 중국에서 들여온 책과 왕의 글씨, 그림, 유언서, 명령서, 초상화, 왕실의 족보 등이 보관되었어요.

그 외에도 정조 대왕은 신분의 한계로 뜻을 펼칠 수 없던 서얼 출신들을 나랏일에 참여하게 하는 등 여러 개혁 정치를 펼친 개혁의 왕이었답니다.

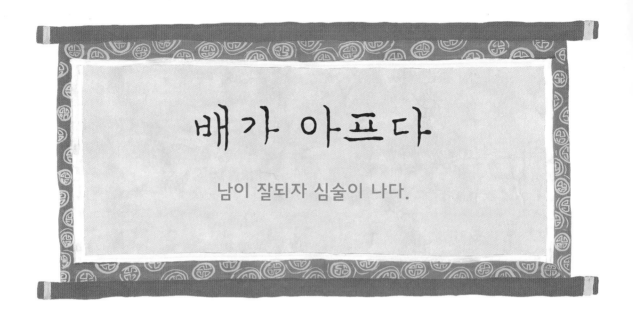

배가 아프다

남이 잘되자 심술이 나다.

 성서 카인과 아벨

아담과 이브에게는 두 아들이 있었어요. 첫째아들의 이름은 카인, 둘째아들의 이름은 아벨이었지요. 카인은 자라서 농사를 지어 곡식을 수확하는 농부가 되고 아벨은 양치기가 되었답니다.

어느 날, 카인과 아벨 형제는 하느님의 은혜에 보답하고자 하느님께 바칠 제물을 준비하기로 했답니다. 카인과 아벨은 각자 무엇을 바치면 좋을지 생각해 보았어요. 고민 끝에 농사를 짓는 카인은 땅에서 수확한 곡식을 바치기로 하고 아벨은 자기가 기르는 양을 바치기로 했답니다.

"하느님, 저의 정성이옵니다. 받아 주시옵소서."

아벨이 하느님 앞에 무릎을 꿇고 양을 바치며 말했어요. 아벨은 자기가 기르는 양 중에서 가장 귀하고 예쁜 어린 양을 준비했지요.

"그래, 너의 정성을 기쁘게 받겠노라."

하느님께서 인자한 미소를 지으시며 아벨의 제물을 받아 주셨어요.

"하느님, 저의 정성입니다. 받아 주세요."

이번엔 카인이 곡식을 바치며 말했어요. 그런데 카인이 가져온 곡식은 훌륭한 곡식이 아닌, 그저 그런 곡식이었지요.

"너는 정성이 부족하구나. 너의 정성은 받지 않겠다."

하느님은 카인의 제물은 받지 않고 사라지셨답니다. 카인은 하느님이 아벨의 제물만 받아 주고 자기 제물은 받지 않자 무척 화가 났어요. 카인은 하느님이 아벨만 예뻐한다는 생각에 몹시 배가 아팠답니다. 제물을 준비한 자기의 정성이 아벨보다 부족하다는 생각은 하지 않고 말이에요.

카인은 아벨에 대한 질투심이 점점 커져만 갔어요.

'이대론 안 되겠어. 아벨 녀석 꼴도 보기 싫어!'

어느 날 카인은 아벨을 조용히 불러내 말했어요.

"아벨, 나와 산책이나 좀 다녀오자."

아벨과 산책하던 카인은 한적한 곳에 이르자 돌로 아벨의 머리를 내리쳤어요. 불쌍한 아벨은 목숨을 잃었습니다. 카인은 집으로 돌아와 아무 일도 없는 듯 행동했지요. 그때 하느님의 목소리가 들려 왔어요.

"카인, 네 아우 아벨은 어디 있느냐?"

"모릅니다. 제가 아우를 지키는 자입니까?"

뻔뻔한 카인은 하느님 앞에서조차 모르는 척 발뺌했어요.

"나는 네 형제가 피가 나는 땅에서 울고 있는 소리를 들을 수 있다. 카인, 이제 네가 농사짓는 땅에서는 그 어떤 농작물도 자라지 않을 것이다. 너는 지금부터 절대로 쉴 수 없는, 끝없는 방랑자가 될 것이다."

그 후 카인은 에덴의 동쪽으로 추방을 당하고 끝이 없는 방랑 속에서 살았답니다.

◎ '배가 아프다'와 비슷한 뜻을 가진 속담으로 '사촌이 땅을 사면 배가 아프다'는 말이 있는데요. 남이 잘되는 것을 기뻐해 주지는 않고 오히려 질투하고 시기하는 경우를 비유적으로 이르는 말이에요.

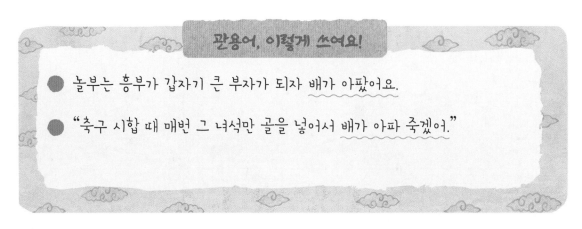

관용어, 이렇게 쓰여요!

● 놀부는 흥부가 갑자기 큰 부자가 되자 배가 아팠어요.

● "축구 시합 때 매번 그 녀석만 골을 넣어서 배가 아파 죽겠어."

삼국사기 꾀꼬리의 슬픈 노래

　고구려의 유리왕에게는 치희와 화희라는 두 명의 사랑하는 여인이 있었어요. 유리왕은 치희와 화희를 모두 사랑했지만, 이 두 여인은 만나기만 하면 늘 다툼을 벌이기 일쑤였답니다. 두 사람은 둘 중 어느 한쪽이 왕의 사랑을 조금이라도 더 받는 것 같으면 배가 아파서 어쩔 줄 몰랐지요. 보다 못한 유리왕은 동쪽 궁에 화희를, 서쪽 궁에는 치희를 머물도록 해서 두 사람을 떨어뜨려 놓았어요.

　"휴, 이제 한시름 놓았으니 모처럼 사냥이나 다녀와야겠구나."

　유리왕은 궁 밖으로 나가 며칠간 긴 사냥을 하기로 했어요. 하지만 그때부터가 문제의 시작이었지요. 왕이 궁에 없는 틈에 서로 맞닥뜨리게 된 치희와 화희 사이에서 큰 싸움이 벌어진 거예요.

　"왕의 사랑을 먼저 받은 건 나야. 넌 별거 아니라고!"

　"웃기시네. 난 태생부터 너와는 달라! 넌 보잘것없는 집안 출신이잖아?"

　화희에게 무시를 당한 치희는 화가 나서 짐을 싸 가지고 궁을 떠나 버렸어요. 사냥에서 돌아온 유리왕이 이 사실을 알고 급하게 뒤를 쫓아가 보았지만, 치희는 이미 멀리 떠나 버려서 찾을 수가 없었답니다. 그때 슬픔에 잠긴 유리왕의 눈에 서로 정다운 꾀꼬리 한 쌍이 보였어요. 유리왕은 그 꾀꼬리 한 쌍을 보며 사랑의 상처를 담은 노래를 지어 불렀어요.

　훨훨 나는 저 꾀꼬리 / 암수 서로 정다운데
　홀로 된 이 내 몸은 / 뉘와 함께 돌아갈꼬.

　이 노래를 〈황조가〉라고 한답니다.

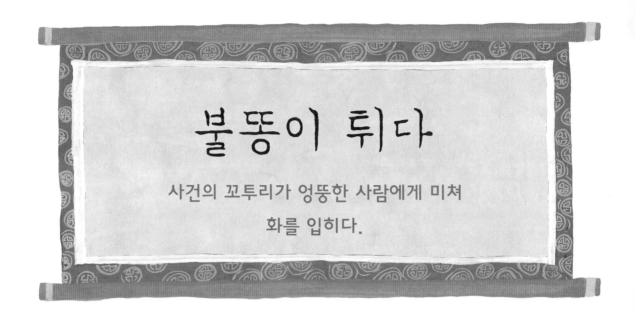

불똥이 튀다

사건의 꼬투리가 엉뚱한 사람에게 미쳐
화를 입히다.

설화 동물의 말이 들리는 초능력 소년

애들아, 안녕? 나는 신현이라고 해. 이렇게 너희들과 인사를 나눌 수 있게 되어서 참 좋다. 사실 나한텐 사람 친구보다 동물 친구가 더 많거든. 말이 안 통하는 동물들과 친구가 되기는 어렵지 않느냐고? 이건 다른 사람들은 잘 모르는 나만의 능력인데, 사실 난 동물들의 말을 알아들을 수 있거든. 거짓말이라고? 난 믿기 힘든 이 능력 때문에 위험에 처할 뻔한 적도 있었어. 하루는 내가 길을 가고 있는데 까악까악 까마귀의 놀란 목소리가 들리는 게 아니겠어?

"누군가가 죽어 있어! 저 수풀 속에 사람 시체가 있어!"

까마귀의 말에 놀란 나는 얼른 까마귀가 가리키는 수풀 쪽으로 뛰어가

봤지. 그런데 정말 거기에 내 또래의 남자아이가 죽어 있는 거야. 난 빨리 관아에 가서 신고해야겠다고 생각하고 돌아섰지. 그런데 그 순간, 없어진 남자아이를 찾아 헤매던 부모님이 온 거 있지?

"네 녀석이 우리 아들을 죽였구나? 그렇지? 어딜 도망가려고!"

난 까마귀의 말을 듣고 와 본 것뿐인데 괜히 나한테 불똥이 튀게 되었지 뭐야? 내가 죽인 게 아니라고 아무리 말해도 내 말을 전혀 들어 주지 않았어. 결국 난 관아로 끌려가게 되었지.

"사또, 이 애가 저희 아들을 죽인 게 분명하옵니다. 저희가 두 눈으로 똑똑히 보았어요. 아무도 없는 수풀 속에서 이 애 혼자 나오는 것을요."

남자아이의 부모가 사또에게 말했어.

"사또, 억울합니다. 저는 죽이지 않았어요. 저는 모르는 애예요. 전 까마귀의 말을 듣고 가 본 것뿐입니다."

"까마귀의 말을 듣고 가 보았다? 그게 무슨 말이냐?"

"사실 저는 동물의 말을 알아듣는 능력이 있습니다."

사람들에게 말해 봤자 코웃음만 칠 뿐이니까 난 되도록 내 능력을 알리고 싶지 않았지만 어쩔 수 없었지.

"그래? 하지만 그 말을 믿을 사람이 어디 있겠느냐? 어떻게 된 일인지 자세히 조사할 때까지 별실 안에 있거라."

사또는 관아에 있는 별실 안에 나를 가두었어. 난 이러다 억울하게 진짜 범인이 되어 버리는 건 아닌지 걱정이 되었지. 그런데 조금 후에 사또가 별실 안으로 들어오더니 자기를 따라 나오라는 거야. 무슨 일인지 궁금했지만 일단은 사또를 따라나섰지. 사또가 나를 처마 밑으로 데려가더

라고. 처마 위에는 제비가 시끄럽게 울고 있었어.

"저 제비가 뭐라고 말하는지 알아듣겠느냐?"

사또가 물었어. 나는 가만히 제비의 소리에 집중했지.

"남의 자식을 왜 데려가냐? 얼른 돌려줘라. 얼른 돌려줘!"

제비는 사또를 향해 계속 말하고 있었어. 난 그대로 사또에게 전했지.

"남의 자식을 왜 데려가느냐며 얼른 돌려달라고 하는데요."

"오오, 동물의 말을 알아듣는다는 너의 말이 참말이구나! 네 말이 맞는지 시험해 보기 위해 내가 한 가지 꾀를 내었다."

사또가 놀라면서 소매에서 새끼 제비 두 마리를 꺼냈어. 사또는 날 풀어 주었지. 수사 끝에 남자아이를 죽인 진짜 범인도 잡아내고 말이야. 사또가 아니었다면 정말 큰일 날 뻔했지.

남다른 능력 때문에 위험에 처할 뻔도 했지만, 그래도 난 내 능력이 마음에 들어. 너희들은 어때? 너희들 중에서도 남들과 다른, 조금 특별한 능력을 가진 친구들이 있을 것 같은데? 언제 만나서 재미있는 이야기를 나눠 보고 싶다. 그럼 그런 날을 기다리며 오늘은 이만 가 볼게. 안녕!

◎ 장작불을 피워 놓은 곳에 가까이 다가가면 위험해요. 갑자기 불똥이 튀어서 옷을 태우거나 화상을 입을 수도 있거든요. 이렇게 내 잘못이 아닌데도 피해를 입을 때 '불똥이 튄다'라고 이야기해요.

관용어, 이렇게 쓰여요!

● 친구들의 싸움을 말리려던 학생한테 불똥이 튀는 바람에 그 학생이 다치고 말았어요.

● "형이 잘못한 건데 괜히 나한테 불똥이 튀어서 나도 엄마한테 혼이 났지 뭐야."

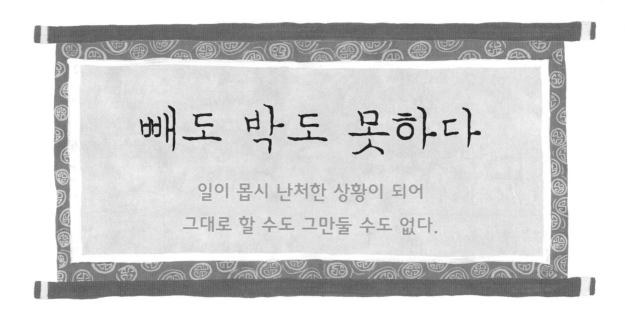

빼도 박도 못하다

일이 몹시 난처한 상황이 되어
그대로 할 수도 그만둘 수도 없다.

고구려사 소금 장수에서 왕이 된 미천왕

어느 마을에 을불이라는 소금 장수가 찾아왔어요. 사실 이 소금 장수
을불은 고구려의 왕족으로, 지금 고구려의 왕인 봉상왕의 조카였지요.
하지만 어쩔 수 없는 사정 때문에 자기 신분을 철저히 비밀로 한 채 소금
장수를 하며 살고 있었답니다. 사람들은 그가 어디서 왔는지, 무엇을 하
던 사람인지 전혀 알 수 없었지요. 을불은 여관에 머무를 곳을 마련하고,
가지고 온 소금을 팔기 시작했어요. 한 가지 머리 아픈 문제만 빼곤 장사
는 순조롭게 잘되었지요. 그 머리 아픈 문제가 뭐냐고요? 글쎄, 여관 주
인이 자꾸 공짜로 소금을 달라고 하는 게 아니겠어요?

"이보게, 소금 한 되만 더 주면 안 되겠나?"

여관 주인이 또 나타나서 말했어요. 며칠 전에도 한 바가지나 퍼 주었는데 말이에요. 더 이상 참을 수 없었던 을불은 말했어요.

"난 이만 여기를 떠나야겠습니다."

을불은 자기 방으로 가서 짐을 가지고 오려고 했어요. 그런데 여관 주인이 그런 을불을 말리며 말했지요.

"여보게, 가더라도 내일 아침에 떠나시게. 오늘은 시간이 너무 늦지 않았나?"

밖을 보니 날이 이미 저물고 있었어요. 을불은 여관 주인의 말대로 하룻밤만 자고 가기로 했답니다.

다음 날 아침이었어요. 떠날 준비를 마친 을불은 여관 주인에게 작별 인사를 하고 여관을 나왔답니다. 그렇게 얼마쯤 걷고 있는데 뒤에서 여관 주인의 목소리가 들려 왔어요.

"거기 서라, 이놈! 이 도둑놈, 당장 서지 못해?"

돌아보니 멀리서 여관 주인이 숨을 헐떡이며 달려오고 있었지요.

"아니, 대체 무슨 일인데 그러시오?"

을불이 여관 주인에게 물었어요. 그랬더니 여관 주인이 다짜고짜 을불의 멱살을 잡고 소리를 지르는 게 아니겠어요?

"어서 내 신발 내놔! 이 도둑놈아! 네가 내 신발 한 짝을 훔쳤잖아."

을불은 도대체 무슨 말을 하고 있는 건지 알 수가 없었어요.

"난 신발을 훔치지 않았소."

"거짓말하지 마! 어디다 숨겼는지 모를 줄 알고? 당장 그 소금 가마니를 풀어놔 봐라."

을불은 할 수 없이 소금 가마니를 풀어 놓았어요. 그런데 웬걸? 소금 가마니 속에 여관 주인의 신발 한 짝이 들어 있는 게 아니겠어요?

"이, 이게 어떻게 여기에?"

을불은 도무지 어떻게 된 일인지 알 수 없었지요. 이때 당황한 을불의

모습을 본 여관 주인의 얼굴에 음흉한 미소가 슬며시 피어올랐어요. 이건 소금이 탐났던 여관 주인이 꾸민 짓이었지요. 을불이 자고 있는 틈을 타 자기 신발 한 짝을 소금 가마니 깊숙한 곳에 넣어 놨던 거예요. 을불은 여관 주인의 손에 붙들린 채 관아로 끌려갔답니다.

"사또, 이놈이 제 신발 한 짝을 훔쳤습니다. 여기, 제 신발이 이놈의 소금 가마니 속에서 나왔습니다."

"저자의 말이 사실이렷다?"

을불은 아무 대답도 할 수가 없었어요. 자기가 훔친 건 아니지만 여관 주인의 신발이 소금 가마니에서 나온 건 사실이니까요.

"여봐라, 저놈을 곤장으로 매우 쳐라."

그렇게 여관 주인의 계략으로 빼도 박도 못하게 도둑으로 몰린 을불은 곤장을 흠씬 두들겨 맞을 수밖에 없었답니다.

'아, 그래도 나는 이 나라 고구려의 왕족이거늘 이렇게 도둑으로 몰려 곤장이나 맞고, 내 신세가 참 처량하구나.'

관아에서 나온 을불은 서러운 자기 신세에 눈물이 났어요. 을불이 이렇게 힘든 생활을 할 수밖에 없었던 건 바로 자기 큰아버지 봉상왕 때문이었지요. 을불의 큰아버지 봉상왕은 매우 흉폭하고 잔인한 왕이었어요. 왕의 자리를 지키기 위해 친동생마저 없애 버리고, 그 동생의 아들인 조카 을불마저 없애려 들었지요. 생명의 위협을 느낀 을불은 궁에서 빠져나와 신분을 숨기고 살 수밖에 없었답니다.

"을불 님이시지요?"

을불이 자신의 신세를 한탄하며 눈물짓고 있을 때였어요. 누군가가 을불 앞에 나타나서 말을 걸었답니다.

"아닐세. 난 을불이 아니야."

다시 생명이 위태로워질까 봐 을불은 자기가 아닌 척했어요.

"저는 을불 님을 해치러 온 자객이 아닙니다. 저희 신하들은 을불 님을 왕으로 추대하고자 이렇게 찾아온 것입니다. 지금 왕께서는 너무 난폭하고 사치가 심하시며 백성들을 생각지 않으니 두고 볼 수가 없습니다. 을불 님께서 저희와 함께 가시어 고구려의 왕이 되어 주시옵소서. 을불 님께서 왕이 되실 수 있도록 있는 힘을 다해 돕겠습니다."

을불은 신하의 간절한 부탁에 신하를 따라나설 수밖에 없었어요. 그곳에는 다른 여러 신하들이 을불을 기다리고 있었지요. 을불과 신하들은 한마음으로 뜻을 모아 난폭한 봉상왕을 몰아냈어요. 이렇게 해서 을불은 왕위에 올라 고구려의 15대 임금인 미천왕이 되었답니다.

◎ 벽에 못을 박을 때 망치질을 잘못하면 못이 비뚤게 박히죠. 그렇게 되면 못을 빼도 벽에 구멍이 나서 보기 흉하고, 못을 박아도 비뚤어져서 쓸 수가 없죠. 이렇게 이러지도 저러지도 못하는 상황을 '빼도 박도 못하다'라고 해요.

관용어, 이렇게 쓰여요!

● 놀러 나가려던 소년은 방문 앞에서 지키고 있는 엄마 때문에 빼도 박도 못하게 공부를 하게 되었어요.

● "내기에서 지는 바람에 빼도 박도 못하게 청소 당번이 되었지 뭐야."

미천왕이 된 후의 이야기

왕위에 오른 미천왕은 영토를 넓히는 일에 열심이었다고 해요. 중국 진나라의 낙랑군과 대방군을 한반도에서 몰아내고 고구려의 영토를 한반도 북부까지 넓혔고요. 낙랑군과 대방군이 취했던 여러 가지 이득들을 고구려가 차지하도록 했답니다.

그리고 젊은 시절에 백성들의 생활을 직접 겪어 보았기 때문에 백성들에게 필요한 게 뭔지 더 잘 알 수 있었는데요. 미천왕은 백성들에게 필요한 농경지를 확보하기 위해서 열심히 노력했어요. 미천왕의 이런 노력은 고구려의 농업 생산력을 높여서 고구려가 더 막강한 나라가 되는 데 밑거름이 되었답니다.

그런데 미천왕의 이름이 미천왕인 이유는 뭘까요?

고구려는 임금들의 이름을 매우 특이한 방식으로 지었답니다. 무덤이 있는 장소를 이름으로 사용했대요. 서쪽 냇가에 무덤이 있어서 서천왕, 동쪽 냇가에 무덤이 있어서 동천왕, 고국천원이라는 언덕에 무덤이 있어서 고국천왕, 이런 식으로요. 그럼 미천왕(美川王)은 왜 미천왕이라고 했을까요? 그건 아름다운 냇가 옆에 무덤을 만들었기 때문이랍니다.

속이 보이다

엉큼한 마음이 들여다보이다.

고려 인종 때의 일이었어요. 인종은 왕위에 오르기 전 나이가 매우 어렸기 때문에 삼촌에게 왕위를 내주고 하마터면 왕위에 오르지 못할 뻔했는데요. 이때 이자겸이라는 자가 나서서 어린 인종이 왕위에 오를 수 있도록 도왔답니다. 그리고 자신의 딸을 왕에게 시집보내 왕비가 되도록 했지요.

그 후로 이자겸은 왕을 도와주었다는 것과 왕의 장인이라는 점을 앞세워서 권력을 마음대로 휘둘렀답니다. 인종은 힘없는 허수아비 왕이 되고 말았지요. 당시에 생일에 '절'이라는 글자를 붙이는 건 왕이나 태자의 생일에만 가능한 일이었는데, 이자겸은 자신의 생일을 '인수절'이라고 부르도록 했다고 해요. 이것만 봐도 이자겸이 얼마나 왕 대접을 받으며 지냈는지 알 수 있겠지요? 또 이자겸은 백성들을 괴롭히기까지 했답니다. 인종은 아무리 장인이라도 이런 이자겸의 행동을 더 두고 볼 수가 없었어요. 인종을 따르는 신하들도 같은 생각이었지요. 그래서 인종과 신하들은 이자겸을 처치하기로 결정했답니다. 하지만 안타깝게도 이 계획을 이자겸이 눈치채고 말았어요.

"흥! 내가 당할 줄 알고? 본때를 보여주지!"

이자겸은 자기를 따르는 척준경과 군사를 이끌고 궁궐로 쳐들어갔어요. 이자겸의 기습에 왕과 신하들은 꼼짝없이 당하고 말았지요. 인종을 따르는 신하들이 목숨을 잃고, 왕 또한 궁궐에 갇혔어요.

"이제 나를 끌어내리고 왕이 되고 싶겠군요. 나를 이렇게 가두었으니 그쯤은 일도 아니겠지요."

인종이 이자겸에게 말했어요.

"제가 어찌 왕의 자리를 넘보겠습니까? 그런 말씀 마시옵소서."

이자겸이 능글맞게 웃으며 대꾸했어요. 사실 이자겸은 당장이라도 왕이 되고 싶었지만 너무 속이 보이는 것 같아 참고 있었지요. 시간이 갈수록 왕위에 대한 욕심이 날로 커져만 갔답니다. 그래서 왕이 먹는 국에 독약을 타기도 했어요. 이를 눈치챈 인종의 왕비가 국그릇을 드는 척하다가 엎어 버리는 덕분에 인종은 목숨을 구할 수가 있었지요.

'이대로는 도저히 안 돼. 이자겸을 물리칠 방법을 찾아야 돼.'

고민하던 인종은 궁으로 이자겸의 편인 척준경을 불러들였어요.

"들리는 소문에 따르면 요즘 이자겸이 나를 궁에 가둔 건 자기 짓이 아니라 척준경 너의 짓이라고 말하고 다닌다는데 알고 있는가?"

"네. 전 그 점이 억울합니다. 난 그저 이자겸이 시킨 일을 한 것뿐인데, 길거리에 나가면 다들 나만 나쁜 놈이라고 손가락질합니다."

"나는 그대가 충직한 신하라는 걸 알고 있다. 나를 돕는 게 어떻겠느냐? 나를 도와 이자겸을 없앤다면 지난날의 죄는 묻지 않겠다."

인종은 척준경을 차분하게 설득했어요. 이자겸이 궁궐을 점령할 수 있었던 것도 그가 거느린 군사의 수가 많았기 때문이었거든요.

"네! 충심으로 받들겠사옵니다."

인종의 편에 서기로 한 척준경은 이자겸의 군사들을 다 제압하고 이자겸을 궁으로 끌고 왔어요. 인종은 이자겸을 먼 곳으로 유배를 보냈고, 이자겸은 그곳에서 살다가 죽고 말았답니다.

◎ '열 길 물속은 알아도 한 길 사람 속은 모른다'라는 속담이 있어요. 그만큼 사람의 마음은 알기 힘들다는 거예요. 그런데 가끔 너무 뻔하게 행동해서 마음을 쉽게 들키는 사람들이 있어요. 그게 바로 속이 보인다는 거죠.

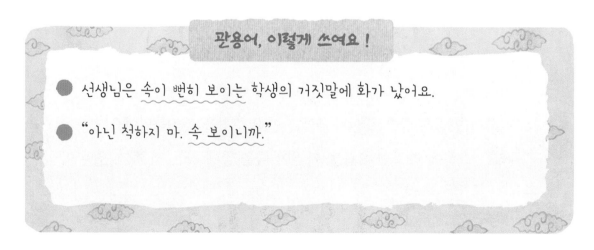

관용어, 이렇게 쓰여요!

● 선생님은 속이 뻔히 보이는 학생의 거짓말에 화가 났어요.

● "아닌 척하지 마. 속 보이니까."

영광 법성포 굴비의 유래

이자겸이 유배를 간 곳은 '영광'이라는 곳이었는데요. 영광의 특산물은 소금에 절여 말린 참조기였답니다.

유배를 간 이자겸이 영광의 말린 참조기를 먹고 그 맛에 반해 참조기를 인종에게 보냈다고 해요. 말린 참조기에 굴비(掘非)라는 이름을 붙여서요. 이것이 바로 오늘날 우리가 즐겨 먹는 굴비랍니다.

굴비(掘非)라는 이름은 '굽히지 않는다'는 뜻을 지니고 있는데요. 이자겸이 굴비라는 이름을 붙인 건, 비록 자기가 지금 귀양살이를 하고 있지만 절대로 굴복하거나 비굴하게 꺾이지 않겠다는 의미였답니다.

하지만 나쁜 짓을 너무 많이 하면 반드시 벌을 받는 법이죠. 이자겸은 영광에 귀양 온 지 채 1년도 되지 않아 사망했다고 해요.

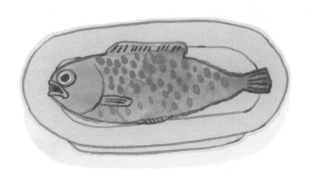

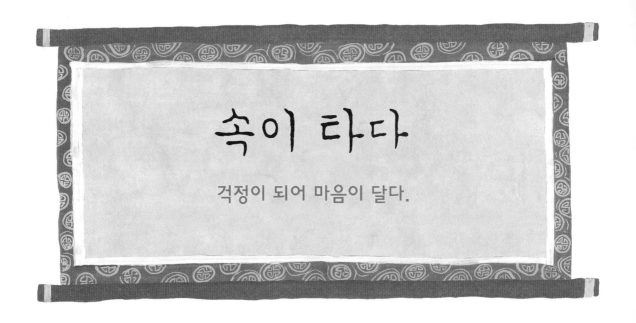

속이 타다

걱정이 되어 마음이 달다.

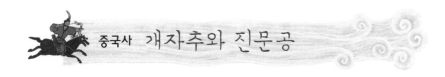

중국사 개자추와 진문공

중국 진나라에 진문공이라는 왕자가 살고 있었어요. 어느 날 음모에 휘말린 진문공 왕자는 목숨을 지키기 위해 전국을 떠돌게 되었답니다. 진문공은 매우 덕망이 높은 왕자였기 때문에 떠도는 처지가 되었어도 진문공을 따르는 신하들이 많았답니다. 그중 가장 으뜸가는 자는 개자추라는 신하였어요.

도망자 신세인 진문공은 가진 돈이 없었어요. 진문공은 며칠 동안 먹지 못해 배가 고파 죽을 지경이었답니다. 두 눈은 퀭하고 얼굴은 무척 창백했지요.

충성스러운 신하인 개자추는 진문공의 이런 모습을 보자 마음이 몹시 아팠답니다. 개자추는 진문공을 위해 먹을 것을 구하려고 노력해 보았지만 음식을 구하기가 힘들었어요.

'이대로 왕자님을 굶어 죽게 할 수 없어! 왕자님을 위해서라면 난 어찌되든 괜찮아.'

개자추는 굳은 결심 끝에 칼을 들었어요. 그리고 두 눈을 질끈 감은 채그 칼로 자기 허벅지 살을 베어 냈지요. 개자추는 베어 낸 허벅지 살로 국을 끓여서 진문공에게 가지고 갔답니다.

"왕자님, 이 국을 좀 드셔 보세요. 드시고 어서 기운을 차리세요."

"오오, 이건 고깃국이 아니더냐!"

몹시 배가 고팠던 진문공은 허겁지겁 국을 먹어 치웠어요. 고깃국 한그릇을 다 비우자 창백하던 진문공의 얼굴이 밝아지기 시작했어요. 정신을 차린 진문공은 개자추에게 귀한 고깃국이 어디서 났느냐고 물었지요. 개자추는 아무 말도 하지 않고 고개를 푹 숙였어요. 이때 진문공이 개자추의 허벅지에 붕대가 칭칭 감겨 있는 것을 발견했답니다.

"어쩌다 다친 것이냐? 상처가 심한 것이야?"

진문공이 걱정스러운 표정으로 물었어요.

"어쩌다 보니 그리 되었사옵니다. 아프지 않습니다. 괜찮습니다."

순간, 옆에 있던 다른 신하가 갑자기 울음을 터뜨리며 말했어요.

"왕자님, 개자추가 왕자님의 배고픔을 달래 드리고자 자기 허벅지 살을 베었나이다. 개자추의 충심을 잊지 마시옵소서!"

신하의 말을 들은 진문공은 깜짝 놀랐어요. 자기를 생각해 주는 개자추의 마음에 감동해서 눈물이 주르륵 흘러내렸지요.

"내 너의 충심을 절대로, 절대로 잊지 않을 것이다. 훗날 내가 이 나라의 왕이 되거든 꼭 보답할 것이야."

진문공은 개자추의 두 손을 꼭 잡고 말했어요.

그로부터 19년이라는 시간이 흐른 뒤, 갖은 고생 끝에 궁으로 돌아온 진문공은 드디어 왕이 되었답니다. 왕이 된 진문공은 여러 가지 일을 처리하느라 바쁜 날들을 보냈어요. 자기가 어려울 때 도와주던 신하들을 불러서 높은 벼슬을 주어 그 공을 칭찬했답니다. 그런데 어찌된 일인지, 진문공은 자기를 가장 크게 도와주었던 개자추를 깜빡하고 말았어요.

'아아, 이럴 수가! 내가 개자추를 잊고 있었다니 말도 안 돼!'

진문공은 신하들에게 어서 빨리 개자추를 찾아오라고 명했지요. 하지만 개자추를 찾으러 갔던 신하들은 그냥 돌아오고 말았답니다.

"폐하, 개자추는 홀어머니와 함께 깊은 산속으로 들어갔사온데, 세상 밖으로 나올 생각이 없다고 하였습니다."

'아아, 자기를 잊고 있었던 나 때문에 마음이 상한 것이구나. 참으로 미안하다.'

왕은 자기 실수를 크게 뉘우치면서 어떻게든 개자추를 산속에서 나오게 하려고 했지요. 하지만 아무리 신하들을 보내서 설득해 보아도 개자추는 깊은 산속에서 나올 생각을 전혀 하지 않았어요.

'이대로 충신 개자추를 잃을 순 없어. 어떻게든 개자추를 산속에서 나오도록 해야 해. 어떻게 하면 좋지? 아하, 그래! 그러면 되겠구나.'

진문공은 좋은 방법을 생각해 내고 신하들에게 명령했어요.

"산속에다 불을 질러라. 그러면 불을 피하려고 밖으로 나올 것이다."

진문공은 신하들에게 이렇게 명령한 뒤 직접 산으로 갔어요. 그리고 산의 입구에 서서 개자추가 나오기를 기다렸지요.

나무에 불이 옮겨 붙어 산속이 활활 타오르기 시작했어요. 진문공은 개자추가 나오기만을 이제나 저제나 기다렸답니다. 하지만 개자추의 모습은 보이지 않았어요.

'어찌된 일이지? 왜 나오지 않는 거야?'

기다리던 개자추가 나오지 않자 진문공은 속이 타들어 갔어요. 초조해서 미칠 지경이었지요. 결국 온 산을 다 태우고 불씨가 꺼지도록 개자추는 나타나지 않았어요.

"어서 가서 개자추를 찾아보아라."

진문공이 신하들에게 명령했어요. 그런데 조금 뒤, 개자추를 찾으러 산으로 올라갔던 신하들이 어두운 표정으로 내려오는 게 아니겠어요?

"폐하. 개자추가 버드나무 아래서 홀어머니를 껴안고 불에 타 죽고 말았습니다."

그 말을 들은 진문공은 깊은 슬픔에 빠졌어요. 산속을 태운 때는 4월이었는데요. 진문공은 개자추의 영혼을 위로하기 위해 해마다 4월이면 한 달 동안 불을 때는 것을 금하고 찬 음식을 먹도록 했답니다. 그러던 것이 세월이 흐르면서 하루로 줄어들었는데요. 이 풍습이 우리나라에도 전해졌답니다. 이것이 오늘날 '한식'의 유래라고 해요.

◎ '속이 타다'라는 관용어는 의학적인 근거가 있는 말이에요. 걱정을 너무 많이 하면 위산이 나와서 속 쓰림이 생긴대요. 속 쓰림의 느낌이 속이 타는 것 같다는 거죠.

관용어, 이렇게 쓰여요!

● 월드컵 축구 경기를 응원하던 사람들은 우리나라 팀이 질까 봐 속이 타 들어 갔어요.

● "네가 말을 너무 안 들어서 엄마가 속이 타서 죽겠어."

170

일화 백결선생 떡방아

옛날 신라의 어느 시골 마을에 박문량이라는 사람이 살고 있었어요. 박문량은 거문고 타기를 몹시 좋아했어요. 그래서 벼슬자리도 마다하고 시골로 내려와서 늘 거문고를 연주할 정도였답니다.

그러다 보니 집안 살림은 늘 가난했어요. 먹을 것도 궁하고 옷도 다 헤진 것을 바느질로 기워 입었지요. 이런 그의 모습을 본 사람들은 '옷을 100군데도 더 기워서 입는 사람'이라는 뜻으로 그를 백결선생이라고 불렀답니다.

하루는 이런 일도 있었지요. 이제 얼마 안 있으면 설 명절이라 마을 사람들은 모두 설에 먹을 음식을 마련하느라 분주했답니다. 집집마다 떡방아 찧는 소리가 들렸지만, 가난한 백결선생네만은 쥐 죽은 듯이 조용했어요. 백결선생의 부인은 속이 타서 미칠 지경이었지요.

"여보, 당신 귀엔 저 떡방아 찧는 소리도 안 들려요? 우리만 이게 뭐예요?"

참다못한 부인이 백결선생에게 잔소리를 했어요.

"당신 속상하오?"

"당연히 속상하지요."

"잠시 기다려 보시오. 이제 우리 집에서도 떡방아 찧는 소리가 들릴 테니."

백결선생이 빙그레 웃더니 방에서 거문고를 가지고 나와 연주하기 시작했어요. 그런데 이게 웬일인가요? 그 소리가 진짜 떡방아 찧는 소리와 똑같은 게 아니겠어요? 그 소리를 들었던 사람들은 나중에 그게 떡방아가 아니라 거문고 소리였다는 걸 알고 모두 깜짝 놀랐답니다.

후에 사람들은 이 소리를 일컬어 방아 찧는 노래라는 뜻으로 '대악'이라고 했는데요. 이것이 오늘날 방아타령의 원조라고 해요.

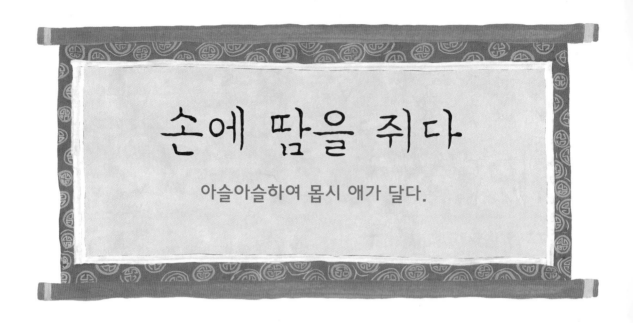

손에 땀을 쥐다

아슬아슬하여 몹시 애가 달다.

설화 붓 대롱 속에 숨겨 온 목화씨

문익점 선생이 원나라에 귀양 갔던 때의 일이에요. 어느 날 문익점 선생은 목화밭을 보면서 깊은 생각에 잠겼답니다.

'이것만 있다면 우리 고려 백성들이 한겨울에도 따뜻하게 지낼 수 있을 텐데!'

그때까지만 해도 우리나라 백성들은 두껍고 따뜻한 옷을 입을 수 없었기 때문에 겨울이 되면 추위에 벌벌 떨어야 했지요. 그런데 원나라 백성들은 목화에서 얻은 솜으로 두꺼운 옷을 지어 입고 겨울을 따뜻하게 나고 있었어요.

'그래. 목화씨를 우리 고려로 가져가서 재배해야겠다.'

이렇게 생각한 문익점 선생은 원나라 사람들이 목화를 재배하는 법을 오랫동안 지켜보면서 익혀 두었어요.

드디어 고려로 돌아가는 날이 다가왔지요. 선생은 목화씨 열 알을 구해 왔답니다. 하지만 목화씨를 가지고 성문을 통과하는 일이 걱정이었어요. 들키기라도 하면 붙잡혀서 큰 곤욕을 치르게 될 테니까요.

'아, 어떻게 해야 원나라 병사들에게 들키지 않고 무사히 고려로 가져갈 수 있지? 오, 그래. 바로 이거야!'

문익점 선생의 눈에 붓 한 자루가 보였어요. 선생은 붓 대롱 속에다 목화씨 열 알을 숨겨 넣었답니다.

다음 날 고려로 돌아가는 길, 드디어 성문 앞을 지날 때가 다가왔어요. 원나라 병사들이 성문을 통과하는 사람들의 짐을 철저하게 검사하고 있었지요.

"주인님, 이러다 들켜서 영영 고려로 못 돌아가게 되면 어쩝니까요?"

검문이 가까워질수록 하인은 점점 더 초조해하며 울상이었어요. 그리고 마침내, 문익점 선생의 검문 차례가 되었지요. 원나라 병사들은 선생의 짐들과 가방 속을 하나하나 살펴보았어요. 선생은 겉으로는 태연한 표정을 짓고 있었지만 정말 손에 땀을 쥐게 하는 순간이었답니다.

"통과!"

원나라 병사의 짧은 한마디가 들렸어요. 그 병사는 목화씨를 숨긴 붓을 보았는데도 그냥 지나치며 통과를 외쳤죠. 붓 안에 목화씨가 들어 있을 줄은 상상도 하지 못한 거예요.

이렇게 해서 문익점 선생은 고려로 무사히 목화씨를 들여올 수 있었답

니다. 하지만 이것은 끝이 아닌 시작이었죠. 문익점 선생은 장인어른께 목화씨를 나누어 준 뒤 원나라에서 보고 배운 대로 목화 재배를 하기 시작했어요. 하지만 배운 대로 정성을 들였음에도 목화씨에서는 싹이 나지 않았지요. '이대로 실패로 끝나는 건가?' 하고 걱정하고 있을 즈음, 몹시 반가운 소식이 들렸어요. 바로 장인어른께 드렸던 목화씨 다섯 알 중 한 알에서 싹이 돋았다는 것이었지요.

"오오, 이제 되었구나, 이제 되었어! 허허허."

문익점 선생은 작은 싹을 보며 매우 기뻐했어요. 한겨울이면 추위에 떠는 백성들에게 따뜻함을 선물해 줄 수 있다는 생각에 마음이 한없이 뿌듯했답니다.

◎ 사람은 긴장하면 체온이 높아져요. 그럼 몸은 체온을 유지하기 위해 땀을 내보내죠. 그래서 긴장하면 땀이 나는데, 이때 땀샘이 많은 손바닥에서 땀이 가장 많이 난대요. '손에 땀을 쥐다'라는 관용어 속에 과학이 숨어 있었네요.

관용어, 이렇게 쓰여요!

● 사람들은 손에 땀을 쥐며 농구 경기를 응원했어요.

● "영화가 정말 재미있어서 손에 땀을 쥐고 봤어."

물레와 무명의 어원

옛날 사람들은 목화를 키워 어떻게 옷감을 만들었을까요? 먼저 목화에서 실을 뽑아내야 하는데요. 목화에서 실을 뽑아내는 기계를 물레라고 하고, 이 물레에서 뽑아낸 실로 짠 옷감을 무명이라고 한답니다.

물레의 어원에는 여러 가지 설이 있다고 해요. 문익점 선생의 손자 문래가 기계를 발명해서 물레가 되었다고도 하고요. 원나라 승려가 실을 뽑는 물레를 만들고 사람들에게 옷감을 짜는 기술을 가르쳐 주었다는 설도 있어요.

무명의 어원에도 여러 가지 설이 있는데요. 무명을 원나라 발음으로 '무미엔'이라 하기 때문에 이것이 무명이 되었다고 하는 설이 있답니다. 또, 옷감 짜는 베틀을 만들고 베 짜는 방법을 창안한 사람이 문익점 선생의 또 다른 손자 문영이라서 무명이 되었다는 이야기도 있고, 목화에서 얻은 실로 짠 이 옷감에 이름이 없어서 무명(無名)이 되었다는 설도 있다고 해요.

최근에 백제 유적지에서 당시에 만든 면직물이 발견되었다는 주장도 있어요. 그렇다면 우리나라에 면직물을 최초로 보급한 사람이 문익점 선생이 아니라는 말도 될 수 있겠지요.

하지만 문익점 선생 이전엔 우리나라 백성들에게 따뜻한 옷은 널리 보급되지 않았답니다. 백성들이 한겨울에 따뜻한 옷을 입게 된 건 문익점 선생의 노력이 있은 후부터였거든요. 이런 의미에서 생각해 볼 때, 설령 진짜 최초가 아니더라도 우리들의 마음속에서는 문익점 선생이 최초라고 할 수 있겠지요.

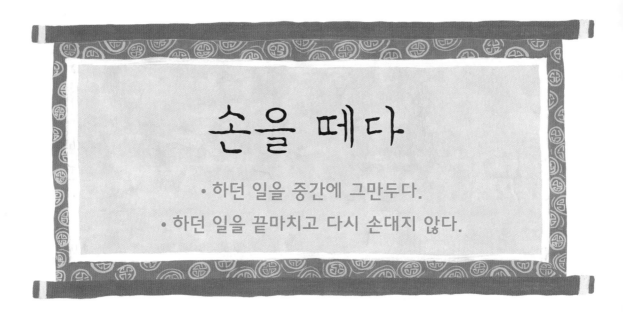

손을 떼다

- 하던 일을 중간에 그만두다.
- 하던 일을 끝마치고 다시 손대지 않다.

설화 그 탑을 쌓지 않았더라면

백제의 아비지라는 사람이 신라로 가게 되었어요. 신라의 황룡사라는 절에 9층짜리 목탑을 세우기 위해서였죠. 아비지는 아주 뛰어난 실력을 가진 건축 기술자였거든요. 선덕여왕은 탑을 세울 사람으로 아비지를 떠올리곤 의자왕에게 그를 보내 줄 것을 아주 간곡히 부탁했어요. 그래서 아비지를 신라로 데려올 수 있었답니다.

신라로 간 아비지는 곧장 공사를 시작했어요. 먼저 탑의 기둥부터 세웠지요. 그런데 탑의 기둥을 세우던 날 밤에 아비지는 이상한 꿈을 꾸었어요. 글쎄 꿈속에서 백제가 온통 불바다로 변하고 모든 백성들이 큰 혼란에 빠져 허우적대는 게 아니겠어요?

'탑의 기둥을 세운 날 이렇게 불길한 꿈을 꾸다니. 이대로 탑을 세우는 건 백제를 망하게 한다는 뜻일 거야. 어떻게든 탑을 세우지 말고 백제로 도망쳐야 해!'

아비지는 탑을 세우는 일에서 손을 떼기로 결심했어요. 그래서 다음 날부터 몸이 아프다는 핑계를 대고 공사장에 나가지 않았지요.

어느 날 며칠을 그렇게 지내던 아비지는 백제로 도망치기로 결심하고 방에서 나왔답니다. 황룡사 문을 나서려고 할 때였어요. 갑자기 하늘이 컴컴해지더니 서 있기 힘들 만큼 센 바람이 불고, 우르르 쾅쾅 천지가 진동을 하는 게 아니겠어요? 그러더니 키가 거인처럼 크고 무섭게 생긴 장수와 늙은 스님이 나타났어요. 장수와 스님은 아비지가 세워 놓은 탑의 기둥 옆에 또 다른 탑 기둥을 세운 후, 감쪽같이 사라졌어요. 그러자 컴컴하던 하늘이 밝아지고 세상은 다시 평온해졌지요. 절 안에서 일하던 사람들은 아무것도 보지 못한 표정이었어요. 방금 전 그 기이한 광경은 아비지의 눈에만 보이는 것이었답니다.

'참으로 이상한 일이 다 있구나. 내가 탑을 세우지 않아도 이 탑은 어떻게든지 세워진다는 뜻인가? 하긴, 탑 하나 때문에 우리 백제가 망한다는 게 말이 되나?'

그날부터 아비지는 백제로 도망가기를 포기하고 탑을 세우는 데 온 힘을 쏟았어요. 얼마 후, 마침내 9층 목탑이 완공되었답니다. 아비지는 이제야 비로소 힘들었던 공사에서 손을 떼고 홀가분해질 수 있었어요. 그리고 드디어 백제로 돌아가는 날이 돌아왔죠. 아비지가 기쁜 마음으로 절을 떠나려고 할 때였어요. 절 한구석에서 대화를 나누는 신라 신하들의 목소리가 들렸답니다.

　"자네 그거 아는가? 여왕 폐하께서 이 탑을 세우고자 하신 까닭 말이야. 자장스님이 당나라에 계실 때 꿈을 꾸었는데 그 스님 꿈에 신이 나타나 말하길, '황룡사에 9층 목탑을 세우거라. 그리하면 네 나라 주변의 아홉개 나라에서 너희에게 항복을 하고 조공을 바칠 것이다.'라고 했다더군. 그 아홉 개 나라에 고구려와 백제도 포함되어 있다네."

신하들의 말을 들은 아비지는 하늘이 무너져 내리는 것 같았어요.

'결국 내 손으로 내 나라를 망하게 하는 탑을 쌓아 올린 것이구나!'

아비지는 자기가 혼신의 힘을 다해 세운 황룡사 9층 목탑을 원망스러운 눈으로 올려다보았어요. 아비지의 두 볼을 타고 뜨거운 눈물이 흘러내렸답니다.

◎ 인간은 손을 이용해 많은 일을 해요. 그래서 '손을 떼다'라는 말은 '하던 일을 그만둔다'는 뜻을 지니게 되었죠. 반대로 무언가를 고치거나 매만진다는 뜻을 가진 관용어로는 '손을 대다'라는 표현이 있어요.

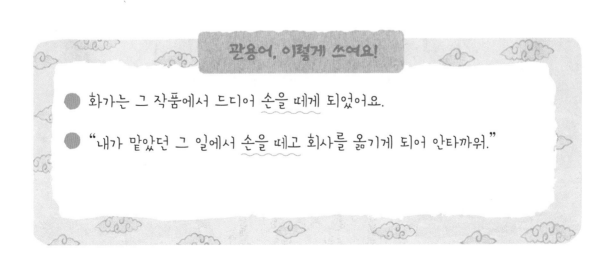

관용어, 이렇게 쓰여요!

● 화가는 그 작품에서 드디어 손을 떼게 되었어요.

● "내가 맡았던 그 일에서 손을 떼고 회사를 옮기게 되어 안타까워."

시치미를 떼다

하고도 안 한 척하거나
알고 있으면서도 모른 척하다.

설화 꿩 한 마리로 출세하기

엣날에 이주국이라는 사람이 살고 있었어요. 어느 날, 이주국이 활쏘기 연습을 하던 때였어요. 눈앞에 꿩 한 마리가 푸드덕 날아오는 게 아니겠어요? 이주국은 재빨리 활을 당겨 쏘았어요. 화살은 꿩에 명중했고, 꿩은 어느 대감 집 마당 안으로 떨어졌답니다. 이주국은 얼른 대감 집 앞으로 가서 문을 두드렸어요. 그러자 하인이 문을 열고 나왔죠.

"방금 이 댁 마당 안으로 내가 잡은 꿩이 떨어져서 찾으러 왔다."

"꿩이오? 그런 거 없는뎁쇼."

마당 안으로 떨어진 게 분명한데도 하인은 시치미를 떼었어요.

"뭣이? 이놈 보게? 수작 부리지 말고 얼른 내 꿩을 내놔라! 어서!"

화가 난 이주국이 하인에게 큰소리를 쳤어요. 결국 큰 실랑이가 벌어지고 이 소란에 대감이 밖으로 나오게 되었지요.

"안녕하십니까, 대감? 저는 이주국이라고 하옵니다."

이주국이 정중하게 인사를 하고 사정을 얘기했어요. 대감은 꿩을 숨긴 하인을 다그쳐 꿩을 찾아 주고, 이주국과 함께 술을 마셨어요. 이주국은 잡은 꿩을 술안주로 내놓았지요.

"저런, 과거 시험 무과에 급제했는데도 벼슬을 못 맡았단 말이지? 기다려 보게."

대감은 이주국의 사연을 듣더니 자기 아우에게 편지를 썼어요. 이주국에게 쓸 만한 벼슬자리를 하나 내주라는 추천서였지요. 대감은 하인을 시켜 그 추천서를 아우에게 보냈어요. 잠시 후 심부름을 갔던 하인이 답장을 가지고 돌아왔답니다. 안타깝게도 이주국에게 벼슬자리를 줄 수 없다는 내용이었죠.

"벼슬자리를 못 주신다니 제가 술안주로 내놓은 꿩 값을 도로 주셔야겠습니다."

대감은 너무 어이가 없어서 돈을 던져 주고 이주국을 쫓아냈어요. 그리고 형의 부탁 하나도 못 들어주는 자기 아우에게까지 화가 났지요. 대감은 당장 아우에게 서운하다는 내용의 편지를 써서 보냈어요. 대감의 편지를 받은 아우는 형의 화를 풀어 주기 위해 어쩔 수 없이 이주국에게 벼슬자리를 마련해 주었답니다.

다음 날 이주국에게 벼슬자리가 생겼다는 소식이 전해졌어요. 이주국은 이 소식을 듣자마자 군복을 갖춰 입고 대감을 찾아갔어요.

"자네가 우리 집엔 웬일인가?"

이주국을 본 대감이 퉁명스럽게 말했어요.

"대감, 제 말씀을 좀 들어 보십시오. 제가 대감께 꿩 값을 달라고 해서 대감께서 노여워하셨고, 그 노여움이 대감의 아우 님께 전해졌지요. 그래서 아우 님께서 대감의 화를 풀어 드리기 위해 저에게 벼슬자리를 마련해 주셨고요. 제가 대감께 어떻게 치사하게 꿩 한 마리 값을 받겠습니까? 이 모든 건 제가 벼슬을 얻기 위해 꾀를 낸 것입니다."

"이런, 자네의 꾀에는 못 당하겠구먼. 허허허."

대감은 이주국의 재치에 놀라며 껄껄 웃었답니다.

◎ '시치미를 떼다'와 같은 의미로 '시침 뚝!'이라는 표현이 있어요. 이 표현에 나타난 시침이 바로 시치미의 준말이에요.

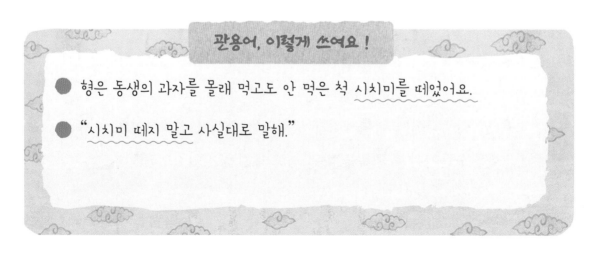

관용어, 이렇게 쓰여요 !

● 형은 동생의 과자를 몰래 먹고도 안 먹은 척 시치미를 떼었어요.

● "시치미 떼지 말고 사실대로 말해."

'시치미를 떼다'의 유래

우리나라는 삼국 시대부터 매사냥을 즐겨 했는데요. 길들인 매로 꿩이나 새를 잡는 것이지요. 특히 고려 때는 매를 기르고 훈련시키는 곳을 따로 둘 만큼 매와 매사냥에 관심이 많았다고 해요.

매사냥이 유행하다 보니 사냥매도 많아지고 또 그러다 보니 서로의 매가 뒤바뀌거나 누군가가 매를 훔쳐 가기도 했어요. 매의 관리가 필요하게 되었죠. 그래서 매를 관리하고자 매의 주인을 표시하는 이름표를 매의 꽁지에 달았는데요. 이게 바로 '시치미'랍니다.

'시치미'는 얇게 깎은 네모꼴의 뿔인데요. 여기다가 매의 이름, 종류, 나이, 빛깔, 주인 이름 등을 기록한 뒤에 매의 꽁지 털 속에 매다는 거예요. '시치미'는 매의 신분증인 셈이죠. '시치미'만 보면 그 매가 누구 소유인지 금방 알 수가 있었어요. 그래서 매를 잡으러 다니는 사냥꾼이나 매를 데리고 사냥을 다니는 사람이 어쩌다가 다른 사람의 매를 잡으면 '시치미'를 보고 놓아 주었어요.

그런데 간혹 어떤 욕심쟁이들은 '시치미'를 달고 있는 매를 잡고도 놓아 주지 않았어요. 그 매의 시치미를 떼어 버리고 마치 자기 매인 척하거나 아니면 자기 이름이 적힌 시치미를 달아 놓기도 하고요. 만약 매의 진짜 주인이 와서 매의 시치미를 보려고 하면 시치미를 떼고도 떼지 않은 척, 남의 매인 걸 알면서도 모르는 척했죠. 여기서 '시치미를 떼다'라는 말이 유래했답니다.

애를 먹다

속이 상할 정도로 어려움을 겪다.

 조선사 피부병 때문에 지은 절

　조선의 세조 임금은 왕위에 오른 후, 원인을 알 수 없는 피부병에 시달렸어요. 아무리 갖은 방법을 다 써 봐도 피부병은 좀처럼 낫지 않아 세조는 애를 먹었답니다.

　'정말 내가 조카의 왕위를 빼앗은 벌을 받고 있는 것인가!'

　세조는 피부병 때문에 괴로워할 때마다 자기의 어린 조카인 단종 임금을 떠올렸어요. 세조는 어린 나이에 임금 자리에 오르게 된 조카 단종을 없애고 왕위에 오른 임금이었지요. 왕위에 올라서 좋은 정치를 펼쳐나가기도 했지만, 마음속에는 늘 어린 조카를 죽인 죄책감이 뿌리 깊게 박혀 있었답니다.

어느 날이었어요. 세조는 피부병에 좋다는 온천이 있다는 말을 듣고 그곳으로 갔답니다. 그곳의 온천물은 더운 날엔 시원하고 추운 날엔 따뜻한 참으로 신기한 물이었지요. 세조가 온천에 몸을 담그고 온천욕을 하고 있을 때였어요. 물속에서 안개가 피어오르더니 한 소년이 나타나는 것 아니겠어요?

"너는 누구냐?"

"나는 문수보살이오."

세조는 문수보살이라는 말에 깜짝 놀라서 엎드려 예를 갖추었어요.

"지난날의 잘못을 뉘우치고 있다는 말을 들었소. 불경도 많이 외우더군. 그런데 어떡하나? 그 피부병은 이런 곳에서 목욕만 한다고 낫는 게 아닌데."

"그럼 어떻게 하면 이 피부병이 나을 수 있겠습니까? 내 이 피부병만 나을 수 있다면 무슨 일이든 하겠나이다. 제발 가르쳐 주십시오."

"절을 하나 크게 지으면 어떻겠소."

이 말을 마지막으로 문수보살은 홀연히 사라졌어요.

'오오, 이 무슨 신비한 일인가? 그래, 꼭 큰 절을 세우는 거야!'

온천에서 돌아온 세조는 곧장 불교를 지지하라는 명령을 내렸답니다.

"이제부터 수도 안에 큰 절을 지어도 좋다. 승려들이 수도 안에 들어오거든 관대하게 대접하라."

왕의 말에 불교를 믿는 사람들은 대환영을 했어요. 유교를 숭배하는 조선 시대로 넘어오면서부터 불교는 억압당해 왔거든요. 유교를 숭배하는 유생들은 세조의 이런 명령이 옳지 못하다는 상소를 매일 같이 올리며 크게 반대했어요. 세조는 이런 상소들을 다 물리치고 도성 한복판에 절을 세우기로 했답니다. 목수와 석수들이 몰려들었고, 전국에서 모인 시주금도 엄청 많았어요.

도성 한복판에 원각사라는 이름의 큰 절이 중건되었어요. 원각사가 다시 세워질 무렵, 세조의 피부병도 많이 좋아지고 있었답니다.

마침내 원각사 법당 앞에 대리석 백탑이 세워졌어요. 세조는 그 탑을 올려다보며 어린 조카의 왕위를 빼앗기 위해 자신이 저지른 나쁜 행동을 깊이 뉘우쳤답니다.

◎ '애'는 창자를 뜻하는 우리말이랍니다. '애'가 쓰인 말에는 여러 가지가 있어요. 먼저 '애쓰다'는 '마음과 힘을 다하여 무엇을 이루려고 힘쓰다'는 뜻이고요. '애끓다'는 '몹시 슬퍼서 창자가 끊어질 듯하다'라는 뜻입니다.

'애타다'와 '애끓다'는 둘 다 같은 뜻으로, 답답할 때 속이 괴로운 걸 표현하는 말인데요. '애타다'는 '몹시 답답하거나 안타까워 속이 타는 듯하다', '애끓다'는 '몹시 답답하거나 안타까워 속이 끓는 듯하다'라는 뜻이에요.

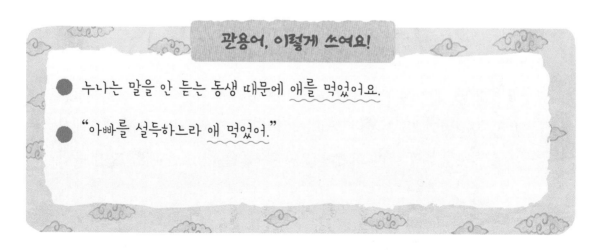

관용어, 이렇게 쓰여요!

● 누나는 말을 안 듣는 동생 때문에 애를 먹었어요.

● "아빠를 설득하느라 애 먹었어."

원각사 터가 공원이 되다

세조가 세운 원각사는 연산군 때에 이르러서 폐지되었답니다. 그러다 중종 임금 때에는 사찰 건물이 없어지고 백탑만 남게 되었어요. 그래서 사람들은 이곳을 '탑이 있는 절터 마을'이라는 뜻으로 '탑 마을' 혹은 '탑골'이라고 불렀다고 해요.

그 후 대한제국 시절, 이 원각사 절터에 우리나라 최초의 공원이 조성되었어요. 당시에 이 공원은 영국인 총세무사 존 브라운 씨의 건의로 만들어졌는데요. 공원의 이름을 원각사 백탑의 이름을 따서 파고다공원이라고 지었답니다.

'파고다'라는 말의 어원은 확실하지 않은데요. 미얀마 말이라는 설이 있는가 하면, 포르투갈 말 '파고드(pagode)'에서 유래한 것이라는 설도 있어요.

1919년 3·1 운동 당시 독립 선언문이 낭독되었던 뜻깊은 곳도 바로 이 파고다공원이에요. 파고다공원은 1992년에 다시 옛 지명을 따라 우리말인 '탑골공원'으로 이름이 바뀌었답니다.

탑골공원은 서울 종로구에 있어요. 이 탑골공원 안에는 국보 제2호인 원각사지 10층 석탑과 보물 제3호인 원각사비가 남아 있답니다.

가까운 곳에 사는 친구들은 문화재도 구경할 겸 탑골공원 산책을 나서 보는 게 어떨까요?

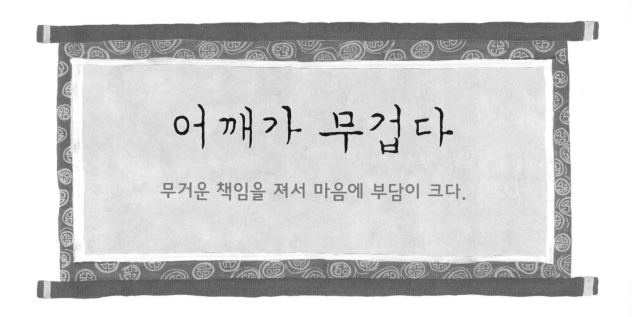

어깨가 무겁다

무거운 책임을 져서 마음에 부담이 크다.

 삼국유사 어머니를 위해서라면

옛날 신라의 어느 마을에 손순이라는 사람이 살고 있었어요. 손순은 집안의 생계를 책임진 가장이었기에 그 어깨가 무거웠답니다. 손순은 남의 집에서 일을 해 주고 곡식을 받아 어머니를 봉양했는데요. 아이가 자꾸 어머니의 밥을 빼앗아 먹는 통에 고민이 커졌어요.

'아아, 그렇지 않아도 늙고 허약하신 어머니신데, 밥까지 제대로 못 드시다니. 저러다 큰 병에라도 걸려 돌아가시게 된다면 어쩌지?'

아이가 어머니의 밥을 빼앗아 먹는 걸 더 이상 두고 볼 수 없었던 손순은 굳은 결심을 하고 부인에게 말했어요.

"여보, 자식은 또 낳으면 되지만 어머니는 다시 얻을 수 없잖소? 어머니의 굶주림이 심하니 아이를 땅에 묻어야겠소. 정말 마음이 아프지만 어쩔 수 없는 일이오. 어머니를 살려야 하니.”

손순은 부인과 함께 아이를 업고 산으로 올라갔어요. 그리고 아이를 묻기 위해 땅을 파기 시작했죠. 그런데 얼마쯤 땅을 파자, 땅속에서 종 하나가 나오는 게 아니겠어요? 돌로 만든 종이었지요. 손순 부부는 땅에서 돌 종이 나온 게 신기했어요. 그래서 나무에 종을 매단 뒤 한 번 쳐 보았지요. 그랬더니 아주 맑은 종소리가 은은하게 울려 퍼지는 게 아니겠어요? 매우 아름다운 종소리에 놀란 손순의 부인이 말했어요.

“여보, 이런 물건을 얻게 된 건 다 이 아이의 복이니 이 아이를 땅에 묻어서는 안 되겠어요. 집으로 돌아가요.”

부인의 말이 맞다고 생각한 손순은 다시 아이를 업고 집으로 왔어요. 그리고 가지고 온 돌 종을 대들보에 매달고 쳤지요. 그러자 그 종소리는 멀리멀리 울려 퍼져서 대궐 안까지 들렸답니다.

“오오, 이 아름다운 종소리는 어디서 들리는 종소리인고?”

왕은 신하들을 시켜 종소리가 어디에서 울리는지 알아보라고 했어요. 얼마 뒤 신하가 종소리의 정체를 왕에게 전했어요.

"폐하, 손순이라는 자가 자기 아들이 늙으신 어머니의 밥을 자꾸 빼앗아 먹자 어머니의 굶주림이 걱정되어 아들을 땅에 묻으려고 했답니다. 그래서 땅을 팠는데 웬 돌 종이 나왔고, 그 돌 종의 소리가 이렇듯 아름다운 것입니다."

"땅에서 이렇게 아름다운 소리를 가진 종이 나왔다? 이건 분명 어머니를 생각하는 손순의 깊은 효심에 하늘이 감동하여 내린 선물이다."

임금님은 손순에게 집 한 채를 상으로 내리고, 해마다 벼 50섬을 주어 손순의 지극한 효성을 칭찬했어요. 이제 손순네 식구들은 맛있는 밥을 배불리 먹을 수 있었죠.

손순은 집을 내놓아 절로 만들었어요. 그리고 절의 이름을 효를 널리 알린다는 뜻으로 '홍효사(弘孝寺)'라고 짓고, 돌 종을 매달아 두었답니다. 나중에 신라에 후백제가 쳐들어왔을 때 종이 없어졌다고 해요.

◎ 아무리 어깨가 무겁다지만, 어머니를 잘 모시기 위해 아이를 산 채로 묻으려고 하다니! 가끔 옛날이야기는 교훈을 강조하려고 지금 우리가 보기에는 이해하기 힘든 과격한 내용을 넣기도 했어요. 이 점 잊지 말고 이야기의 교훈만 잘 가려 읽도록 해요.

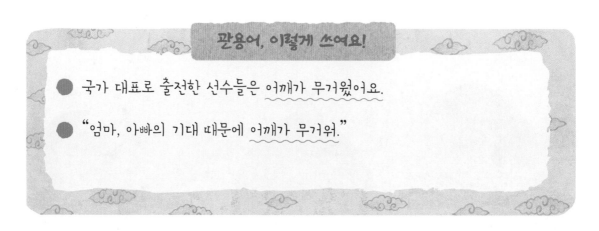

관용어, 이렇게 쓰여요!

● 국가 대표로 출전한 선수들은 어깨가 무거웠어요.

● "엄마, 아빠의 기대 때문에 어깨가 무거워."

전설 백일홍 이야기

옛날, 어느 바닷가 마을에 이무기가 나타나 처녀들을 마구 잡아먹었어요. 마을 사람들은 1년에 한 번, 이무기에게 처녀를 재물로 보낼 수밖에 없었어요.

그러던 어느 해, 한 청년이 마을을 지나가다가 재물로 끌려가는 한 처녀를 보았어요. 청년은 처녀를 도와주고 싶어 처녀와 옷을 바꿔 입고는 이무기가 살고 있는 동굴로 들어갔어요. 캄캄한 굴 안에 있던 이무기가 나와 처녀로 변장한 청년에게 가까이 다가갔어요. 그때 청년이 날카로운 칼을 뽑으며, 이무기에게 달려들었어요.

"꾸에에에엑……."

머리가 잘린 이무기가 소리를 지르며 멀리 도망쳤어요. 청년이 이무기를 물리치고 돌아오자, 처녀와 마을 사람들은 크게 기뻐했어요. 사실 청년은 옥황상제의 아들인데, 여의주를 찾기 위해 곳곳을 떠돌아다니고 있었지요.

"백 일 뒤에 여의주를 찾아서 돌아오리다. 돌아오는 길에 도망친 이무기가 나를 노리고 있을 것이오. 그놈과 싸워 이기면 배에 하얀 깃발을 달고 오겠소."

처녀를 두고 떠나는 청년의 어깨가 무거웠어요.

그로부터 백 일 뒤 청년은 여의주를 찾아 마을로 돌아오고 있었어요. 청년이 걱정했던 대로 앙심을 품고 있던 이무기가 청년을 노리고 있었지요.

다행히 청년이 용감하게 싸워 이무기를 죽였어요. 청년은 이무기를 무찔렀다는 기쁨에 하얀 깃발이 이무기의 피로 붉게 물드는 것을 보지 못했어요.

한편, 날마다 먼 바다를 바라보며 청년을 기다리던 처녀는 깜짝 놀랐어요.

"이 일을 어쩐담. 붉은 깃발이야!"

처녀는 자신 때문에 청년이 죽었다고 생각했어요. 백 일 동안 청년을 그리던 처녀는 눈물을 흘리며 바다로 뛰어들었어요. 얼마 뒤, 처녀의 무덤에는 아름답고 빨간 꽃이 피었어요. 백 일 동안 곱게 피었다 졌지요. 사람들은 그 꽃을 백 일 동안 청년을 기다린 처녀를 닮았다 하여 백일홍이라고 불렀답니다.

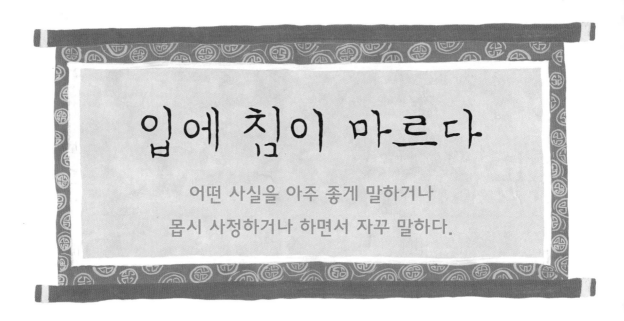

입에 침이 마르다

어떤 사실을 아주 좋게 말하거나
몹시 사정하거나 하면서 자꾸 말하다.

일화 최고의 그림 솜씨, 화공 이녕

고려에 송나라 사신이 왔어요. 고려의 인종 임금은 송나라 사신으로부터 한 폭의 그림을 선물받게 되었답니다.

"임금께 드리려고 우리 송나라에서 최고로 여기는 명화를 한 폭 가지고 왔습니다. 어떠세요? 진짜 뛰어난 작품이지 않습니까?"

임금님이 그림을 보아하니, 과연 정말이지 황홀할 정도로 아름다운 그림이었답니다.

"이렇게 아름다운 그림을 선물로 주다니 고맙소. 허허허."

임금님은 송나라 사신이 물러간 뒤에도 한참 동안이나 그림을 감상했어요. 그러다 문득 고려 최고의 화공인 이녕은 이 그림을 어떻게 생각할지가 궁금해졌지요.

"여봐라! 지금 당장 화공 이녕을 들게 하라!"

조금 뒤 화공 이녕이 임금님 앞으로 왔어요.

"오오, 어서 오시게. 내가 방금 송나라 사신에게 그림 한 폭을 선물로 받았는데 그대에게 이 그림을 보여주고 싶어서 불렀네. 나는 이렇게 훌륭한 그림은 처음 보는 것 같구먼. 역시 송나라에는 뛰어난 화공들이 많은 듯한데, 그대 생각은 어떤가?"

임금님은 입에 침이 마르도록 그림을 칭찬하며 이녕에게 보여주었어요. 이녕은 그 그림을 찬찬히 살펴보더니 조용히 말을 꺼냈어요.

"폐하, 이 그림은 제 그림이옵니다."

"뭐라고? 자네의 그림이라니? 이건 내가 조금 전에 송나라 사신에게 받은 그림이라고 하지 않았나? 이게 어째서 자네 그림이란 말인가?"

임금님은 이녕의 말에 깜짝 놀라서 물었어요.

"몇 년 전에 소인이 송나라에 사신으로 간 적이 있습니다. 그때 송나라의 황제가 소인을 불러 말하기를, 예성강 포구가 무척 아름다운 곳이라고 들었는데 직접 가진 못하니 그림으로나마 보고 싶다고 했습니다. 그래서 소인이 비슷하게 솜씨를 부려 그려 본 것입니다."

"하지만 이게 자네의 그림이라면 자네의 낙관이 찍혀 있어야 하지 않은가?"

낙관은 글씨나 그림에 작가가 자신의 이름이나 호(號)를 쓰고 도장을 찍는 것을 말하는 것인데요. 그림에는 이녕의 낙관이 보이지 않았어요.

"그 그림을 가린 천을 뜯어 보시면 제 말이 사실임을 아실 수 있을 것이옵니다."

임금님은 이녕의 말을 믿기 어려웠어요. 그래서 그림을 벽에 걸 수 있도록 만든 족자를 뜯어 보도록 했지요. 그랬더니 과연, 천으로 가려진 그림의 끝 부분에 이녕의 낙관과 이름이 적혀 있는 게 아니겠어요?

"오오, 이럴 수가! 정말 이 그림은 그대가 그린 것이 맞구나! 그대의 말을 믿지 못해 미안하네. 송나라 사신의 말이 이 그림은 송나라에서도 굉장한 보배로 여긴다고 하였네. 그러니 그대는 이 나라 고려에서만 인정받는 화공이 아니라 멀리 송나라에서까지 인정받는 화공이구먼. 짐이 기쁘기 짝이 없네."

임금님은 그 뒤로 이녕과 이녕의 그림들을 더욱더 아껴 주었답니다.

◎ '입에 침이 마르다'는 '침이 마르다'와 '입이 닳다'로 바꿔 쓸 수 있어요. 입이 닳고 침이 마를 정도라니, 칭찬을 하든 이야기를 하든 엄청 많이 했다는 뜻이겠죠?

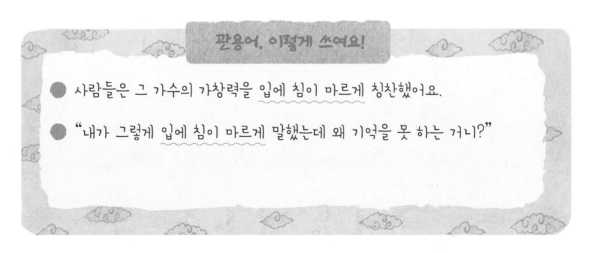

관용어, 이렇게 쓰여요!

● 사람들은 그 가수의 가창력을 입에 침이 마르게 칭찬했어요.

● "내가 그렇게 입에 침이 마르게 말했는데 왜 기억을 못 하는 거니?"

어떤 남자가 재판을 앞두고 있었어요. 그 남자는 재판에서 꼭 이기고 싶었지만 승리를 확신할 수 없는 상황이었죠. 고민하던 남자가 변호사에게 물어보았어요.

"혹시 판사님이 좋아하는 음식이 뭔지 아세요?"

"음, 먹음직스러운 오리 통구이를 좋아한다고 들었어요. 그건 왜요?"

"그럼 판사님에게 통통하게 살찐 오리를 한 마리 선물하는 게 어떨까요? 판사님이 그 오리를 맛있게 요리해 먹으면 제가 이길 수 있게 판결을 내려 주지 않을까요?"

남자의 말을 들은 변호사는 펄쩍 뛰었어요.

"안 돼요. 그 판사님은 아주 공정하고 엄격하시기로 소문난 분이세요. 사람들이 너도나도 입에 침이 마르게 칭찬하는 분이라고요. 잘못했다간 역효과만 날 거예요."

남자는 변호사의 말을 듣지 않고 판사에게 오리를 선물했어요. 그리고 며칠 뒤 재판에서 이겼답니다. 남자는 콧노래를 부르며 재판장을 나왔어요. 이런 남자에게 변호사가 고개를 갸우뚱하며 물었어요.

"참 이상하네요. 저 판사님은 절대로 뇌물에 흔들리지 않는 분이신데 어떻게 뇌물에, 그것도 달랑 오리 한 마리에 마음이 움직이신 걸까요?"

변호사의 물음에 남자는 껄껄 웃으며 대답했어요.

"그건 간단해요. 그 오리를 제 이름으로 보내지 않고 상대방의 이름으로 판사님께 보냈거든요."

입을 모으다

여러 사람이 같은 의견을 말하다.

일화 거지들을 위한 집을 만든 이지함

옛날 조선 시대에 아산이라는 고을이 있었어요. 이지함 선생은 이 고을의 사또였어요. 당시 나라에는 몇 년째 심한 가뭄이 계속되어 굶주림에 시달리는 사람들이 많았어요. 이지함 선생이 사또로 있는 아산 고을에도 거리마다 거지들이 넘쳐 났답니다.

'어허. 날이 갈수록 거지가 되는 백성들이 늘어 가니 이를 어쩌면 좋단 말인가!'

거지들을 구제할 방법에 대해 깊은 고민을 하던 사또는 어느 날 좋은 방법을 떠올렸어요. 그래서 부하들을 불러 모아 놓고 말했지요.

"자네들도 알다시피 지금 우리 고을에는 굶주림에 시달리는 거지들이 너무나 많네."

"걱정 마십쇼. 사람들을 시켜서 거지들을 싹 쓸어 버리겠습니다."

"어허! 거지들을 없애자는 말이 아닐세! 이 고을의 거지들이 모두 잘 살 수 있도록 도와주겠다는 거야. 나는 오늘부터 당장 걸인청을 설치하겠다. 지금 있는 거지들은 물론 새로 생겨나는 거지들까지 모두 이 걸인청에 머물게 하라."

"사또, 걸인청이라니요? 그 많은 거지들을 머물게 할 큰 건물이 어디 있습니까? 그리고 무슨 돈으로 다 먹여 살린답니까?"

사또의 부하들은 모두 입을 모아 걸인청 설치를 반대했어요.

"너희들의 말에도 일리가 있다. 하지만 모두 내가 시키는 대로만 하면 될 것이다. 먼저 걸인청 건물은 빈 창고를 깨끗이 치우고 수리해서 쓸 것이다. 딱 1년 동안만 우리가 먹여 살려 준다면 그 후엔 거지들도 혼자 힘으로 살아갈 수 있을 테니 걱정 말거라."

다음 날, 사또는 바로 창고로 가서 안을 정리하고 방을 여러 개 만들어 꾸미도록 했어요. 그리고 고을의 곳곳에 흩어져 있는 거지들을 모두 불러 모아 놓고 말했답니다.

"너희들은 명심할 것이 있느니라. 너희들은 여기 걸인청에서 지내는 동안 가만히 앉아서 주는 밥이나 먹는 것이 아니다. 너희들에게 일거리를 줄 것이니, 일을 하고 그 일에 대한 정당한 대가로 밥을 먹는 것이다. 노인들은 짚신을 만들고 젊은이들은 현청에서 내주는 땅에 농사를 지어라. 그러면 현청에서 너희들이 만든 짚신을 내다 팔고 농사지은 쌀을 수확해서 너희에게 일정량의 돈을 지급할 것이다. 너희들은 혼자 힘으로 살 수 있는 돈을 모을 때까지만 이곳에 있는 것이니라."

이때 사또의 말을 듣고 있던 한 거지가 손을 번쩍 들고 질문을 했어요.

"사또, 저는 짚신을 만들 줄도, 농사를 지을 줄도 모릅니다. 저는 원래 고기를 잡는 어부였거든요."

"그럼 너는 고기를 잡아서 그 수익의 반을 걸인청에 주고 나머지는 네가 가지거라."

사또는 이외에도 손재주가 좋은 거지에게는 여러 가지 도구들을 만들도록 하는 등 거지들이 잘할 수 있는 일을 골고루 시켰어요. 이렇게 해서 걸인청은 날이 갈수록 번창하기 시작했답니다. 2년이 지나자 걸인청은 현청의 도움 없이도 생계를 꾸려 갈 수 있게 되었어요. 또 3년이 지나자 걸인청을 떠나는 사람들이 늘어났지요. 처음에는 걸인청 설치를 반대하던 사람들도 사또의 생각에 크게 감탄하며 존경하였답니다.

◎ '입을 모으다'와 같은 뜻을 가진 고사성어로 '이구동성(異口同聲)'이 있답니다.

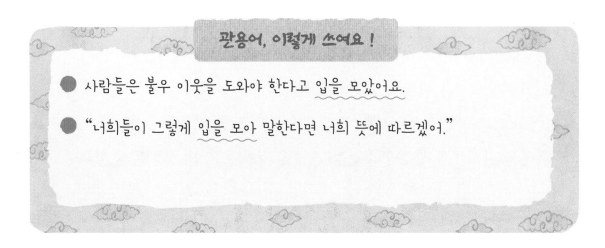

관용어, 이렇게 쓰여요!

● 사람들은 불우 이웃을 도와야 한다고 입을 모았어요.

● "너희들이 그렇게 입을 모아 말한다면 너희 뜻에 따르겠어."

예언서 〈토정비결〉의 저자, 이지함

이지함 선생의 호는 토정이었어요. 생애의 대부분을 강변의 흙담 집에서 청렴하게 살았기에 토정이라는 호가 붙었다고 해요.

〈토정비결〉은 이지함 선생이 지은 책인데요. 일종의 예언서라고 볼 수 있어요. 사람이 각자 태어난 년, 월, 일, 시로 1년 동안의 운세를 알아보는 건데요. 열두 달로 나뉘어 달별로 운세를 알아볼 수 있게 되어 있답니다.

〈토정비결〉이 등장하기 전에는 오행점이나 윷점 등으로 한 해의 농사나 가정의 화목을 점쳤는데요. 조선 말기에 이르자 백성들은 점점 살기 힘들어져 보다 자세한 예언을 원했어요. 그래서 〈토정비결〉이 등장하게 되었다는 설이 있답니다.

〈토정비결〉에는 '올해는 결혼을 할 수 있을까?', '한 해 동안 아픈 곳은 없을까?', '올해엔 큰돈을 벌 수 있을까?' 하는 등등의 여러 가지 궁금한 것들에 대한 예언이 적혀 있지요.

지금도 새해를 맞이할 때면 한 해의 운수를 알고자 〈토정비결〉을 보는 어른들이 있는데요. 운수의 예언 결과를 무조건 믿기보다는 오랜 세월 이어져 오는 새해의 놀이 풍습이라고 여기는 게 바람직한 일이겠죠.

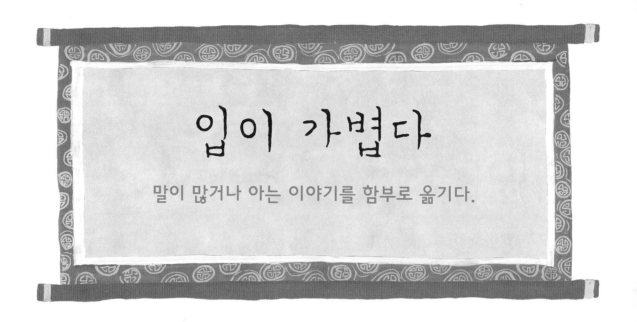

입이 가볍다

말이 많거나 아는 이야기를 함부로 옮기다.

민담 **수다쟁이 부인**

어느 마을에 밭을 빌려 농사를 짓는 소작농이 살고 있었어요. 어느 날, 농부가 열심히 밭을 갈고 있는데 땅속에서 돈이 가득 든 항아리가 나왔답니다. 농부는 항아리를 보고 크게 기뻐했지만 이걸 사실대로 말하면 밭주인에게 돈을 빼앗길 게 분명했어요.

'이 사실을 마누라가 알았다간 순식간에 온 마을에 소문이 퍼져서 밭주인도 알게 될 거야. 우리 마누라는 입이 가벼우니까.'

고민하던 농부는 좋은 수를 생각해 냈어요. 농부는 집에 가서 돈이 든 항아리를 잘 숨겨 놓은 뒤 시장에 가서 비스킷 한 바구니를 샀어요. 돌아오는 길에는 냇가에 그물을 던져 물고기를 잡았지요. 농부는 그물에 걸린 물고기들을 꺼내 가지고 숲으로 갔어요. 그러고는 나무 이곳저곳 사이에 물고기를 흩어 놓고, 나뭇가지에는 비스킷을 걸어 놓았지요. 그리고 다시 집으로 돌아와서 부인에게 말했어요.

"우리 숲에 가서 물고기를 잡아 볼까? 나뭇가지에 열린 비스킷도 따고 말이야."

"말도 안 돼요. 숲에 어떻게 물고기가 있어요? 비스킷은 또 뭐고요?"

부인은 농부의 설득에 못 이겨 숲에 가 보기로 했어요. 그랬더니 정말 숲 여기저기에 물고기들이 있고 나뭇가지엔 비스킷이 열려 있는 게 아니겠어요?

"여보, 정말이지 믿을 수가 없어요. 어떻게 이런 일이!"

"당신이 믿을 수 없는 일이 또 하나 있는데…… 우리 집엔 돈이 아주 많다고."

농부는 집으로 돌아와 부인에게 돈이 가득 든 항아리를 보여주었어요.

"기쁘지? 하지만 이건 비밀이야. 밭주인이 알았다간 몽땅 빼앗길 테니 말이지."

부인은 고개를 끄덕이며 걱정 말라고 대답했어요. 하지만 날이 갈수록 이 사실을 사람들에게 말하고 싶어 미칠 지경이었죠. 부인은 이웃집 여자에게만 비밀을 말하기로 했답니다. 하지만 그 여자가 다른 사람에게 이야기해, 그렇게 퍼지고 퍼져 밭주인의 귀에까지 들어가게 되었어요.

결국 농부와 부인은 밭주인에게 불려 갔답니다. 밭주인은 돈이 든 항아리가 있다는 게 사실이냐고 물었어요. 농부는 절대 아니라고 대답했지만 푼수 같은 부인이 말을 했어요.

"아니에요, 분명히 보았어요. 남편이 돈 항아리를 보여준 날이 언제냐면요. 정말 특이한 걸 본 날이었는데요. 숲 속에 물고기가 가득 있고, 나뭇가지에는 비스킷이 잔뜩 열려 있는 걸 본 날이었답니다."

"뭐? 숲 속에 물고기가 있고 나뭇가지에 비스킷이 열려 있다고?"

밭주인은 부인을 어이없는 표정으로 쳐다보았어요. 이때 농부가 나서며 말했지요.

"보시다시피 우리 부인은 머리가 좀 이상하답니다. 이런 우리 부인의 말을 믿으시나요?"

밭주인은 떨떠름한 표정을 지으며 농부와 부인에게 그만 가 보라고 했

어요.

"당신 너무한 것 아니에요? 나를 미친 사람으로 몰다니요?"

"내가 미리 이 일을 꾸미지 않았다면 우린 결국 돈 항아리를 지키지 못했을 거야. 당신이 약속을 어기고 비밀을 다 말해 버렸으니까 말이야!"

농부의 말에 부인은 앞으로는 침묵할 줄 아는 법도 배워야겠다고 생각했답니다.

◎ '입이 가볍다'의 반대말은 '입이 무겁다'예요. '입이 무겁다'는 '말수가 적거나 아는 얘기를 함부로 옮기지 않는다'라는 뜻이랍니다.

관용어, 이렇게 쓰여요!

● 선생님께서 입이 가벼운 사람은 믿음을 주지 못한다고 말씀하셨어요.

● "그 앤 입이 너무 가벼워서 그 애한텐 비밀 이야기를 못하겠어."

쥐도 새도 모르게

감쪽같이 처리하여
아무도 그 일의 경위를 모르게.

일화 마지노선에 얽힌 일화

　제1차 세계대전이 벌어지는 동안 프랑스는 아주 막대한 피해를 입었어요. 그래서 제1차 세계대전이 끝난 후 프랑스는 혹시 또 있을지 모를 독일군의 공격에 대비하고자 했답니다. 프랑스의 군사 전략가들이 함께 모여 열띤 토의를 했어요.

　"어떻게 하면 우리 프랑스를 효과적으로 지킬 수 있을까?"

　"독일군이 쳐들어와도 절대 뚫을 수 없는 방어선을 만들어야 해!"

　이렇게 해서 프랑스에서는 프랑스와 독일 사이의 경계선에 방어선을 세우기로 했답니다. 프랑스인들은 총 750킬로미터의 방어선을 세웠어요. 이 방어선은 북서부 벨기에 국경에서 남동부 스위스의 국경까지 이르고, 중심부는 독일과 프랑스의 국경을 따라 이어진 영구 요새선이었어요. 이 공사는 1927년부터 시작되어 10년 후에 완공되었는데요. 공사에 들인 비용은 총 160억 프랑으로, 우리나라 돈으로 환산하면 18조 원이나 되는 엄청난 돈이 들어갔지요. 프랑스 사람들은 이 방어선을 당시 프랑스의 육군 장관이던 앙드레 마지노의 이름을 따서 마지노선이라고 불렀답니다.

이 마지노선은 당시 최첨단 토목 기술과 건축 기술을 총동원하여 지은 요새였는데요. 단순히 한 줄로 늘어선 방어벽이 아니라 여러 개의 요새가 서로 연결되어 이루어져 있었어요. 완전한 지하 설비와 대전차 방어 시설에다가, 방어선을 연결하는 지하 철도망까지 갖추고 있었답니다. 그랬기에 이 마지노선을 정면으로 뚫는다는 것은 불가능한 것으로 여겨졌지요.

그러던 1940년, 독일군이 프랑스를 침공했어요. 프랑스는 마지노선을 굳게 믿고 있었지요. 하지만 이 마지노선에도 결정적인 약점이 있었어요. 당시 중립을 지키고 있던 벨기에와의 국경은 무방비 상태였다는 것이었죠. 마지노선의 끝은 프랑스 도시 '세당(Sedan)' 남쪽까지만 뻗어 있었던 거예요.

"아무리 독일이라도 전쟁 중립국인 벨기에로 침투할 수는 없을 거야."

프랑스는 이렇게 생각했지만 독일군은 중립국을 건드리지 않는다는 국제 관례를 깨 버리고 벨기에 쪽으로 쳐들어와서 프랑스에 접근했어요. 독일군도 정면 승부로는 마지노선을 뚫을 수 없다는 걸 알고 있었기에 벨기에 쪽을 먼저 공격하기로 한 거죠.

프랑스와 독일, 벨기에 3국의 국경선이 만나는 곳에는 '아르덴 숲'이라고 불리는 아주 긴 삼림지대가 펼쳐져 있었는데요. 이곳은 숲이 무성하게 우거진 곳으로, 지형 자체도 굴곡이 심하고 도로도 좁았어요. 그래서 대규모 군사 부대가 통과한다는 건 매우 어려운 일이었지요. 하지만 독일군은 프랑스군의 예상을 깨고 아르덴 숲을 3일 만에 통과했어요.

그래도 프랑스는 마지노선을 굳게 믿고 있었어요. 그런데 이른 새벽, 독일의 기갑 군단이 쥐도 새도 모르게 기습을 했답니다. 그렇게 믿고 있던 마지노선은 제대로 써보지도 못 한 채 힘없이 함락되고 말았어요. 프랑스가 이렇게 힘없이 당하게 된 건 방어만이 최선이라는 낡은 사고방식, 마지노선만 있다면 충분하다는 폐쇄적인 생각 때문이었겠죠.

◎ 이 이야기에 나오는 '마지노선' 또한 '최후 방어선', '더 이상 허용할 수 없는 마지막 한계선'이라는 뜻의 관용어랍니다.

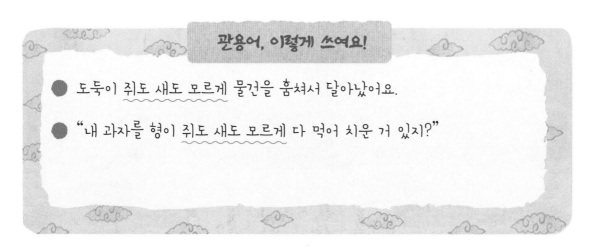

관용어, 이렇게 쓰여요!

● 도둑이 쥐도 새도 모르게 물건을 훔쳐서 달아났어요.

● "내 과자를 형이 쥐도 새도 모르게 다 먹어 치운 거 있지?"

민담 아주 너그러운 남자

옛날 어느 마을에 아주 너그러운 남자가 살고 있었어요. 집에 손님이 찾아오면 언제든 반갑게 맞이해 주고, 누가 가지고 있는 물건을 달라고 말하면 망설임 없이 다 내주곤 했지요. 마을 사람들은 모두 이 남자의 너그러운 마음씨를 칭찬했답니다. 너그러운 남자의 소문은 임금님의 귀에까지 들리게 되었어요.

"나도 너그러운 마음씨를 갖고 있는데 이 남자만 칭찬하다니, 참을 수 없어!"

샘이 나서 견딜 수 없었던 임금님은 자객 한 명을 불러 은밀히 말했어요.

"지금 너그러운 남자가 사는 집으로 가서 쥐도 새도 모르게 녀석을 없애거라."

자객은 곧장 너그러운 남자를 없애려고 길을 나섰어요. 하지만 너그러운 남자가 어디에 살고 있는지 알 수 없었기 때문에 자객은 이리저리 헤매었죠. 피곤에 지친 자객은 눈앞에 보이는 집으로 가서 문을 두드렸어요.

"이보시오. 나는 지금 임금님의 명령으로 너그러운 남자를 없애러 가는 중이오. 혹시 이 근처에 너그러운 남자의 집이 어디 있는지 알고 있소?"

자객의 말을 듣고 있던 남자는 옆방에서 날카로운 칼을 가지고 나왔어요.

"내가 그 너그러운 남자요. 임금님께서 원하신다면 내 목을 베어 가십시오."

남자의 말에 자객은 할 말을 잃었답니다. 아무리 임금님의 명령이라도 이렇게 너그러운 마음씨를 가진 남자를 죽일 순 없었죠. 자객은 임금님에게 돌아가서 너그러운 남자의 행동에 대해 전했어요.

"자기 목숨까지 내주려고 하다니, 그 사내야말로 세상에서 가장 너그러운 남자구나."

임금님은 너그러운 남자를 질투했던 것을 후회하고 반성했답니다.

진땀을 흘리다

어려운 일을 당하며
진땀이 나도록 몹시 애쓰다.

일화 링컨과 국방 장관

미국의 링컨 대통령이 젊은 시절에 있었던 일이에요. 대통령이 되기
전 링컨은 일리노이 주에서 변호사로 일하고 있었어요. 당시에 일리노이
주에는 스탠튼이라는 아주 유명한 변호사가 있었지요. 스탠튼에 비하면
링컨은 애송이 변호사에 불과했답니다.

어느 날이었어요. 링컨이 어떤 사건을 맡아 법정에 나가게 되었는데요. 알
고 보니 그 사건을 스탠튼과 함께 맡기로 되어 있는 게 아니겠어요?

'스탠튼과 함께 사건을 맡다니 잘됐다. 유명한 변호사니 많이 배울 수
있겠구나!'

링컨은 스탠튼과 한 사건을 맡게 된 걸 기뻐했어요. 그런데 스탠튼은

그렇지 않았죠. 스탠튼은 자리를 박차고 일어나 소리쳤어요.

"저런 촌뜨기 애송이와 어떻게 함께 일하란 말입니까? 난 못합니다!"

이렇게 말한 스탠튼은 그대로 법정을 나가 버렸답니다. 링컨은 전혀 예상치 못했던 스탠튼의 반응에 당황했어요. 태어나서 그런 무시를 당한 건 처음이었죠. 링컨은 키도 아주 크고 힘도 무척 센 사람이었기에 당장이라도 나가 스탠튼을 혼내 줄 수도 있었지만 그냥 웃어넘길 뿐이었죠.

후에 링컨은 대통령에 당선되었어요. 이 소식을 들은 스탠튼은 매우 진땀을 흘렸어요. 링컨에게 한 짓이 있었기 때문이죠. 혹시나 복수를 당하지 않을까 하고 생각하던 스탠튼에게 링컨 대통령으로부터 연락이 왔

어요. 스탠튼은 올 것이 왔다고 생각하고 링컨 대통령에게 갔답니다.

"어서 오시오. 나는 당신을 국방 장관에 임명하려고 하오. 여기에 응해 주겠소?"

스탠튼은 링컨 대통령의 말에 깜짝 놀랐어요. 복수가 아니라 국방 장관이라는 큰 자리에 임명한다니, 정말 이해할 수 없는 일이었지요.

"각하, 각하께서 스탠튼에게 당한 모욕을 잊으셨습니까?"

링컨 대통령의 참모진들은 전부 스탠튼이 국방 장관이 되는 걸 반대했어요. 이때 링컨 대통령이 빙그레 웃으며 말했어요.

"나는 수백 번 무시당해도 괜찮소. 스탠튼이 국방장관이 되어 국방을 튼튼히 하고 임무 수행을 잘하기만 한다면 그게 무슨 상관이겠소? 더욱이 원만한 인간관계를 유지하며 국정을 잘 수행해 나가기 위해 가장 좋은 방법은 모두 내 편으로 만드는 거요. 안 그렇소?"

◎ '진땀'은 몹시 애를 쓰거나 힘들 때 흐르는 끈끈한 땀을 말해요. '진땀을 흘리다'와 같은 말로는 '진땀을 빼다'와 '진땀을 뽑다'가 있어요.

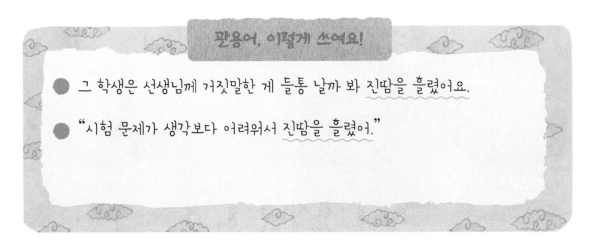

관용어, 이렇게 쓰여요!

● 그 학생은 선생님께 거짓말한 게 들통 날까 봐 진땀을 흘렸어요.

● "시험 문제가 생각보다 어려워서 진땀을 흘렸어."

고려사 왕건의 목숨을 구한 재치

승려였던 궁예가 후고구려를 세우고 왕으로 있던 때의 일이었어요. 궁예는 처음엔 나라를 잘 다스렸지만 날이 갈수록 난폭해졌어요. 사람 마음을 꿰뚫어 볼 수 있다는 '관심법'이라는 능력을 내세워서 많은 사람들을 시험하고 가차 없이 죽이곤 했지요. 궁예가 무척 총애하던 왕건도 그 시험에 걸려들게 되었어요.

"내가 관심법으로 그대의 마음을 들여다보니 어젯밤 그대를 따르는 자들을 모아 반역을 꾀하는 것 같은데 왜 그런 것인가?"

궁예의 말에 왕건은 억울했어요. 절대 반역을 꾀한 적이 없었기 때문이에요. 왕건은 궁예에게 결코 그런 적이 없다고 대답했어요. 하지만 궁예는 왕건의 말을 믿지 않았죠. 왕건이 눈앞에 벌어진 곤란한 상황 때문에 진땀을 흘리고 있을 때였어요. 갑자기 신하 최응이 들고 있던 붓이 툭, 떨어졌답니다. 최응은 붓을 줍는 척하면서 재빨리 왕건의 귀에 대고 속삭였지요.

"그냥 반역을 꾀했다고 하십시오. 그래야 목숨을 구할 수 있습니다."

여태껏 궁예의 말에 아니라고 대답하는 자들은 모두 목숨을 잃었어요. 그 대답이 사실인지 아닌지는 중요하지 않았죠. 최응의 말을 들은 왕건은 궁예에게 반역을 꾀했다고 대답했어요.

"하하하! 과연 그대는 솔직한 사람이구나. 솔직하게 말했으니 용서하겠다."

궁예가 크게 웃으며 말했어요. 이렇게 해서 왕건은 최응의 재치 덕분에 겨우 목숨을 구할 수 있었답니다.

후에 왕건은 '고려'를 세우고 왕이 되었지요. 왕건은 신하 최응을 항상 옆에 두고 무척 아꼈다고 합니다.

찬물을 끼얹다

잘되어 가고 있는 일에 뛰어들어
분위기를 흐리다.

민담 할머니의 아름다운 희생

옛날 어느 마을에 할머니가 살고 있었어요. 남편을 하늘로 떠나보낸 할머니는 바다가 내려다보이는 작은 움막에서 혼자 살고 있었답니다.

어느 추운 겨울날, 꽁꽁 얼어붙은 바다 위에서 마을 사람들의 겨울 축제가 열리고 있었어요. 마을 사람들은 얼음 위에서 스케이트를 타기도 하고 노래도 부르고 춤도 추면서 즐겁게 축제를 즐기고 있었지요. 흥겨운 음악과 노랫소리는 할머니가 있는 움막까지 들려 왔어요. 할머니는 자기도 사람들 틈에서 재미있게 놀고 싶었지만 몸이 아파서 그럴 수가 없었답니다. 할머니는 누워 있던 몸을 간신히 일으켜 창문가로 갔어요. 창문으로나마 사람들이 노는 모습을 구경하기 위해서였죠.

212

그런데 할머니의 눈에 저 멀리 수평선 위에 나타난 작은 구름이 보였어요. 그 구름을 보는 순간 할머니는 이제 곧 폭풍이 불고 해일이 들이닥칠지도 모른다는 생각이 들었어요.

"그렇게 되면 해일의 파도에 얼음이 깨지면서 바다 위에 있는 사람들은 죽고 말 텐데……."

물론 할머니의 생각이 빗나갈 수도 있었어요. 그러면 할머니의 말은 즐거운 파티에 찬물을 끼얹고 말 거예요. 하지만 돌아가신 할머니의 남편이 뱃사공이었기 때문에 할머니는 바다를 잘 알고 있었어요. 할머니는 가만있을 수가 없었어요.

할머니는 바다 위의 사람들에게 이 사실을 알리기 위해 큰소리로 고함을 쳤어요. 하지만 바다 위의 사람들은 웃고 떠드느라 할머니의 소리가 잘 들리지 않았죠. 그러는 동안에도 구름은 점점 커지고 있었답니다.

'이런, 난 몸이 몹시 아파서 사람들이 있는 곳까지 갈 수도 없는데 도대체 어떻게 사람들에게 위험을 알린단 말이지?'

할머니는 사람들이 저대로 죽게 될까 봐 몹시 초조했어요. 그때였지요. 할머니의 머릿속에 좋은 생각이 번뜩 떠올랐어요.

'그래. 움막을 불태우는 거야! 사람들이 죽는 것보단 그게 훨씬 나아!'

할머니는 움막 안에 있는 난로로 가서 불을 끄집어내 침대에 불을 붙였어요. 그러고는 다시 있는 힘을 다해 움막에서 기어 나왔죠. 움막에서 나온 할머니는 그만 쓰러지고 말았어요. 불은 순식간에 지붕으로 번지고 움막이 모두 활활 타올랐답니다.

"불이야! 불이야!"

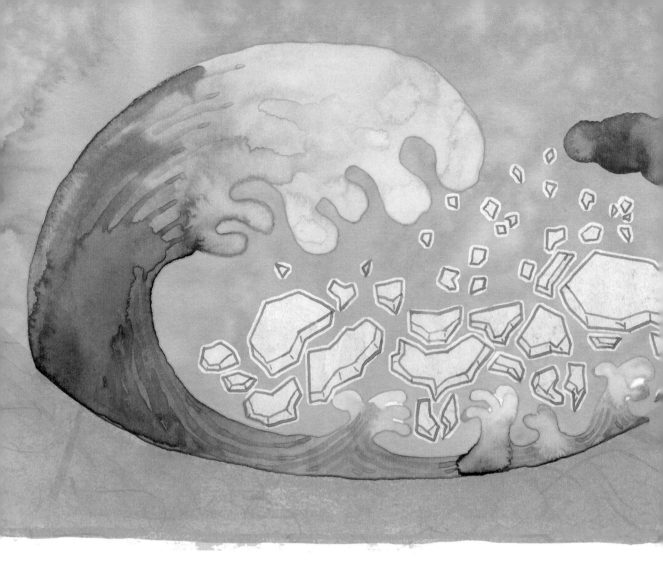

바닷가에 있던 사람들이 불이 난 것을 발견하고는 곧장 뛰어왔어요. 사람들은 쓰러져 있는 할머니를 안전한 곳으로 옮겼어요. 그러는 사이 해일이 일어나 바다 얼음을 쩍, 갈라 놓았답니다. 하지만 다행히 얼음 위에 있던 사람들은 모두 할머니의 움막 근처에 와 있었지요.

"모두 무사해서 다행이에요. 해일 때문에 당신들이 위험해질까 봐 일부러 불을 질렀어요. 그래야 불이 난 걸 보고 이쪽으로 올 테니까요."

할머니가 힘겹게 말했어요. 사람들은 몸이 아픈데도 움막까지 희생해 가며 자신들을 구한 할머니의 아름다운 마음씨에 깊이 감사했답니다.

◎ 물질을 이루는 분자는 온도가 높으면 활발히 움직이고, 온도가 낮으면 움직임을 멈춘다고 하죠. 우리 선조들은 이런 과학적 원리를 알고 있었나 봐요. 일이 잘될 때는 '불이 붙다'라는 관용어를 쓰고, 일이 안 될 때는 '찬물을 끼얹다'라고 한 걸 보면 말이죠.

관용어, 이렇게 쓰여요 !

● 순조롭게 잘 진행되던 계획에 <u>찬물을 끼얹는</u> 문제가 발생했어요.

● "넌 이렇게 즐거운 분위기에 꼭 <u>찬물을 끼얹어야</u>겠니?"

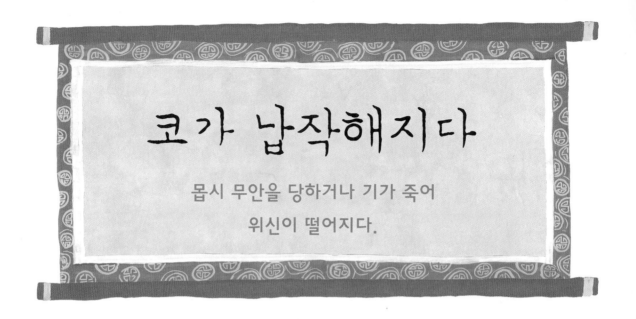

코가 납작해지다

몹시 무안을 당하거나 기가 죽어
위신이 떨어지다.

열국지 안영과 남굴북지

중국 제나라에 매우 훌륭한 재상 안영이라는 사람이 있었어요. 재상은 임금을 도와 나랏일을 돌보던 총책임자를 뜻하는 말이에요.

어느 날 안영이 초나라에 사신으로 가게 되었어요. 초나라의 영왕도 안영의 소문을 들어 그가 뛰어난 인재임을 알고 있었는데요. 하지만 그랬기에 더욱 잔뜩 골려 주고 싶은 마음도 들었답니다.

'흥. 아무리 뛰어나 봤자 그저 조그만 나라의 재상일 뿐이잖아. 오기만 해 봐라. 코를 납작하게 해 줘야겠다.'

드디어 안영이 초나라에 도착했어요. 안영은 키가 매우 작고 못생긴 외모였는데요. 영왕이 이런 안영을 보곤 비웃으며 말했답니다.

"제나라에는 뛰어난 인재가 없나 보오. 그대같이 키가 작고 볼품없는 사람을 사신으로 보낸 걸 보면."

영왕의 이런 말에도 안영은 전혀 당황한 기색 없이 대꾸했어요.

"우리 제나라에서는 한 가지 원칙이 있습니다. 큰 나라에는 큰 사람을 사신으로 보내고 작은 나라에는 작은 사람을 사신으로 보내는 거지요. 저는 가장 작은 사람이기에 이렇게 초나라에 오게 되었습니다."

영왕은 안영의 대답에 얼굴이 벌겋게 달아올랐어요. 그런데 이때 마침 포졸이 한 죄수를 끌고 가는 게 보였지요. 왕이 포졸에게 물었어요.

"여봐라. 그 죄수는 어느 나라 사람이냐?"

"예. 도둑질을 해서 붙잡혀 온 죄수인데, 제나라 사람이옵니다."

포졸의 대답에 영왕은 음흉한 미소를 지으며 안영에게 말했지요.

"제나라 사람은 원래 도둑질을 잘하오?"

그러자 안영은 이번에도 전혀 당황하지 않고 태연하게 대답했어요.

"왕께서는 남귤북지를 아시는지요? 귤이 회남에서 나면 귤이 되지만, 회북에서 나면 탱자가 된다고 합니다 저 사람도 제나라에서 살 때는 성실했는데 초나라에 와서 도둑이 되었군요."

영왕은 안영의 대답에 다시 얼굴이 벌겋게 달아올랐답니다. 안영을 골려 주려다가 오히려 자기 코가 납작해지게 된 거예요.

"내가 너무 지나쳤소. 부끄럽구려."

잘못을 깨달은 영왕은 안영에게 정중히 사과를 했답니다.

'남귤북지'란 '사람은 환경에 따라 착한 사람이 되기도 하고 나쁜 마음을 갖기도 한다.'는 걸 의미해요. 다른 말로는 '귤화위지'라고 한답니다.

◎ '코'는 그 사람의 자존심이나 기세를 상징해요. 이에 따르면 납작해진 코는 기가 죽은 상태를, 높고 큰 코는 당당한 기세를 의미하겠죠. '콧대가 납작해지다'의 반대말로는 '콧대가 솟다'를 쓸 수 있어요.

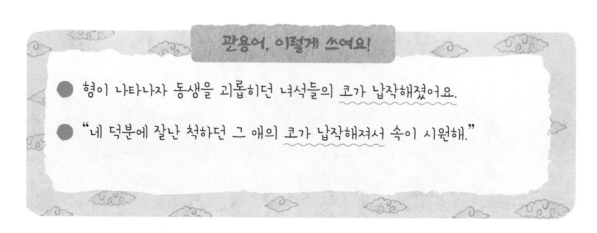

관용어, 이렇게 쓰여요!

● 형이 나타나자 동생을 괴롭히던 녀석들의 코가 납작해졌어요.

● "네 덕분에 잘난 척하던 그 애의 코가 납작해져서 속이 시원해."

일화 힘자랑은 그만!

어느 마을에 김승경이라는 아주 힘센 장사가 살고 있었어요. 그는 자기의 힘만 믿고 사람들을 괴롭히며 못살게 굴었지요.

그러던 어느 날이었어요. 하루는 김승경이 절벽 위를 지나가게 되었답니다. 그 절벽 위는 겨우 한 사람만 지나갈 수 있는 좁은 길이었는데요. 김승경의 맞은편에 서 한 소년이 걸어오고 있었지요. 딱 봐도 힘이 없어 보이는 녀석이었죠. 김승경 은 길을 비켜 주기 싫은 못된 마음이 들었어요. 그래서 소년을 힘껏 밀어 물속으 로 빠뜨렸지요. 그런데 이게 웬일인가요? 물속에 빠진 소년이 다시 물 위로 솟아 올라 절벽 위에 서는 게 아니겠어요? 깜짝 놀라서 이 광경을 보고 있던 김승경에 게 소년이 물었어요.

"네가 사람들을 괴롭히는 김승경이냐?"

그러더니 소년은 김승경이 대답할 새도 없이 그의 한쪽 팔과 한쪽 다리를 부러 뜨렸어요. 김승경이 제대로 저항 한 번 할 수 없는 놀라운 힘이었지요. 힘자랑을 하던 김승경은 그렇게 코가 납작해져서 집으로 돌아왔답니다.

후에 세월이 흘러서 김승경의 아들들이 자라 났는데요. 그의 아들들도 자신들 의 힘만 믿고 사람들에게 못되게 굴었답니다. 이를 지켜보던 김승경은 아들들과 겨루기를 하기로 했지요. 김승경의 힘은 아들들보다 훨씬 더 셌어요. 한쪽 팔과 한쪽 다리를 다친 상태인데도 말이에요. 김승경은 놀라서 어안이 벙벙해져 있는 아들들에게 이렇게 말했어요.

"너희보다 힘센 사람은 얼마든지 나타날 수 있다. 그러니 앞으로는 함부로 힘 자랑을 하고 다니지 말거라."

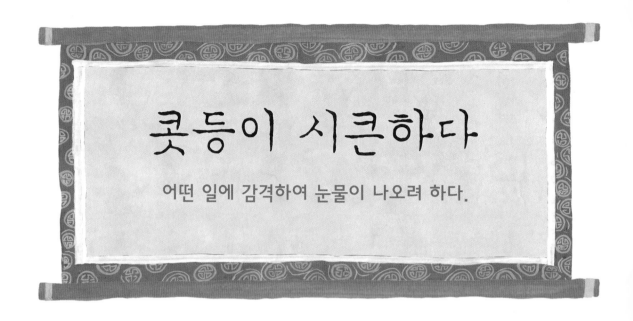

콧등이 시큰하다

어떤 일에 감격하여 눈물이 나오려 하다.

일화 목숨보다 귀한 판소리, 명창 권삼득

자, 여러분! 오늘은 명창 권삼득 선생님을 모시고 이야기 나누어 보는 시간을 갖도록 하겠습니다. 이 책을 읽고 있는 친구들 중에는 국악에 관심이 있거나 장래 희망이 가수인 친구들도 많을 텐데요. 권삼득 선생님께서는 조선 시대 최고의 소리꾼이셨던 분입니다. 선생님, 선생님께서는 소리꾼을 꿈꾸다가 죽을 뻔한 적이 있다고 들었는데요. 어떻게 된 일인가요? 한 말씀 들려주시면 감사하겠습니다.

안녕하세요, 여러분. 나는 소리꾼 권삼득이라고 해요. 이렇게 만나게 되어 반갑군요. 나는 판소리를 무척이나 좋아했어요. 판소리라면 자다가도 벌떡 일어날 정도였지요. 하지만 내겐 커다란 장애물이 있었어요. 내가 양반 출신이라는 것이었지요. 당시 소리꾼은 천민들이나 하는 것으로 여겨졌거든요. 그랬기에 우리 가문의 어른들은 내게 엄포를 놓았지요.

"너는 우리 가문의 수치다. 당장 판소리를 그만두지 않으면 큰일날 줄 알아라!"

하지만 판소리를 향한 내 열정을 막을 순 없었어요. 결국 참다못한 우리 가문 어른들은 나를 없애기로 하고 멍석말이를 시켰어요. 그게 뭐냐면 큰 멍석에 사람을 둘둘 말아 감싼 다음 흠씬 때리거나 그렇게 죽이기도 하는 걸 말해요. 참 잔인한 일이죠.

나는 어른들에게 끌려가서 멍석에 둘둘 말렸어요. 멍석 틈새로 보니까 사람들이 몽둥이를 들고 있었고, 그 옆에 내가 묻힐 구덩이가 있었지요.

"죽기 전에 마지막으로 할 말은 없느냐?"

나는 그 순간에도 판소리 생각밖에 없었어요.

"마지막으로 판소리 한 자락 하게 해 주시오."

"판소리 때문에 죽게 된 마당에 또 판소리냐? 참 지독한 놈이구나."

어른들은 마지막 소원이라 생각하고 내가 판소리를 하는 걸 허락해 주었어요. 나는 멍석 속에서 〈춘향가〉 중 '십장가'를 불렀어요. '십장가'는 춘향이가 곤장을 맞으면서도 자신의 절개를 굽히지 않겠다고 하는 노래인데요. 내 상황과 딱 맞아떨어지는 노래였죠. 그래서 더욱 구슬프게 노래했어요. 그런데 노래가 끝나자마자 사람들이 흐느껴 우는 소리가 들리더라고요. 그러더니 조금 뒤 어른들이 나를 멍석에서 꺼내 주었어요.

"네 노랫소리가 정말이지 구슬프구나. 네 소리에 여기 있는 우리 모두

콧등이 시큰해졌다. 이런 소리를 할 줄 아는 너를 죽이는 건 너무 아까운 일이라 생각해서 목숨만은 살려 주기로 했다. 하지만 너를 족보에서 파낼 것이니 우리 가문엔 얼씬도 하지 마라."

나는 이렇게 소리 때문에 죽을 뻔했지만, 소리 때문에 살아났답니다.

아, 선생님. 정말 감동적인 이야기입니다. 정말 대단한 열정이시군요. 여러분, 여러분들도 저마다 꿈이 있겠죠? 여러분 모두 권삼득 선생님처럼 자신의 일을 사랑하고 식지 않는 열정을 가진다면 분명 훌륭한 사람이 될 수 있을 거예요. 여러분들의 빛나는 꿈을 응원하며 오늘 이 시간 마치겠습니다.

◎ '콧등이 시큰해지다'와 같은 말로는 '코끝이 찡하다'가 있어요. '찡하다'라는 말은 '감동을 받아 가슴 따위가 뻐근한 느낌이 들다'라는 뜻인데요. 슬픈 영화를 보거나 감격스러운 상황에 처하면 코가 빨개지고 저리는 듯한 느낌과 비슷하지요.

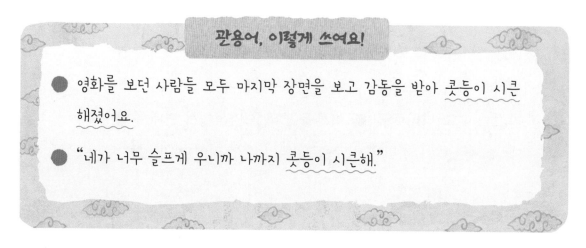

관용어, 이렇게 쓰여요!

● 영화를 보던 사람들 모두 마지막 장면을 보고 감동을 받아 <u>콧등이 시큰</u><u>해졌어요.</u>

● "네가 너무 슬프게 우니까 나까지 <u>콧등이 시큰해.</u>"

최초의 비가비 명창, 권삼득

'비가비'는 조선 후기에 학식 있는 상민의 신분으로 판소리를 하는 사람을 가리키던 말이에요.

전부 천민 출신인 소리꾼들 틈에서 권삼득은 최초의 양반 출신 소리꾼이었죠. 권삼득은 조선 시대 8대 명창 중 한 사람으로 손꼽힌답니다.

〈춘향가〉, 〈흥부가〉, 〈심청가〉는 3대 판소리로 꼽히는데요. 권삼득은 이 중에서도 특히 〈흥부가〉를 잘 불렀다고 해요.

권삼득은 '덜렁제' 또는 '설렁제'라고 하는 창법을 개발하여 〈흥부가〉를 불렀는데요. 〈흥부가〉 중에서도 '제비 후리러 나간다'라는 대목이 유명해요.

권삼득의 이름은 원래 권정희였어요. 삼득이라는 이름은 정조 대왕으로부터 하사받은 귀하디귀한 이름이랍니다.

정조 대왕은 새, 짐승, 인간의 소리를 모두 얻었다 하여 그에게 '삼득'이라는 이름을 선물했다고 해요. 권삼득이 새타령을 부르면 근처의 숲 속에서 새가 날아들었다는 이야기도 전해진답니다.

현재 전라북도 완주에 권삼득의 묘가 있는데요. 이 묘에는 작은 구멍이 패어 있다고 해요. 이 구멍을 소리 구멍이라고 하는데요. 비오는 밤이면 이 소리 구멍으로 소리가 드나든다는 전설이 전해져 온답니다.

파김치가 되다

몹시 지쳐서 기운이 느른하게 되다.

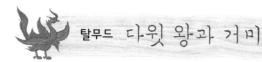

탈무드 다윗 왕과 거미

다윗 왕은 아주 지혜롭고 용감한 왕이었어요. 하지만 딱 한 가지 무척 싫어하는 게 있었죠. 바로 천장에 집을 짓고 사는 거미였어요.

"거미는 아무 곳에나 제멋대로 집을 짓고 사는 아주 더러운 벌레야. 난 거미줄이 쳐진 곳을 보면 불결한 생각이 들어 참을 수가 없어."

다윗 왕은 평소에도 거미에 대해 이렇게 말하곤 했어요. 어쩌다 거미줄이 눈에 띄면,

"저기 거미줄이잖아! 여봐라, 어서 저걸 없애라!"

라고 소리치며 빨리 거미줄을 걷어 내게 했고 거미도 잡아 죽였답니다.

그러던 어느 날이었어요. 전쟁에 나갔던 다윗 왕은 크게 패해서 적군

에게 쫓기는 처지가 되었죠. 다윗 왕은 쫓아오는 적군을 피해 깊은 숲속으로 도망쳤어요.

"오오, 저기 동굴이 있구나. 저 동굴로 가서 좀 쉬자. 우리 군사 모두가 들어가도 될 만큼 충분히 넓고 안전한 동굴로 보이니까 말이야."

숲속을 헤매던 다윗 왕과 군사들은 동굴 안으로 들어가 몸을 피했어요. 다윗 왕은 긴 전투와 도망으로 완전히 파김치가 되었지요. 다윗 왕은 동굴 벽에 몸을 기대자마자 스르륵 잠이 들어 버렸답니다.

다음 날 새벽이었어요.

"여기다! 여기 동굴이 있다!"

밖에서 적군의 소리가 들렸지요. 다윗 왕은 잠에서 번뜩 깨어났어요.

"여기에 다윗 왕과 군사들이 있을 거다. 어서 들어가서 찾아라!"

'큰일이다. 도망갈 데도 없고 동굴 안에 꼼짝없이 갇혔구나.'

이제 죽은 목숨이라고 생각한 다윗 왕은 큰 절망에 빠졌어요. 다윗 왕이 할 수 있는 일이라고는 하느님께 기도하는 일밖에 없었답니다.

"하느님, 이 불쌍한 어린 양을 도와주시옵소서!"

그때였어요. 다시 적군 장수의 목소리가 들려 왔답니다.

"아니다. 동굴에서 그만 나가자. 철수하라!"

"아니 왜요, 장군? 아직 다윗 왕을 못 찾았는데요?"

"다윗 왕은 이 동굴 안에 있을 리가 없다. 여기 동굴 입구를 보거라. 거미줄이 쳐져 있지 않느냐? 다윗 왕은 거미를 싫어하기로 유명한데, 이 동굴 안에 있다면 저 거미줄을 가만두었겠느냐? 그러니 여기 있을 리가 없지. 헛수고하지 말고 가자."

적군이 돌아가는 소리가 들렸어요. 사실 다윗 왕은 동굴이 어둡고 피곤에 지친 나머지 거미줄을 보지 못했던 것이랍니다.

"오, 하느님, 감사합니다. 제가 아무 쓸모없고 더럽다고 여긴 거미가, 그토록 싫어했던 거미줄이 저를 살리다니요!"

다윗 왕은 자기가 너무도 싫어하던 거미에게 고마운 마음이 들었어요. 더불어 이 세상에 쓸모없는 것은 아무것도 없다는 걸 느꼈답니다.

◎ 파는 평소에 빳빳하게 살아 있는 게 특징인데요. 파로 김치를 담글 때 갖은 양념을 해서 김치를 담가 놓으면 풀이 팍 죽어서 시들거리는 상태가 되지요. '파김치가 되다'와 비슷한 말로는 '녹초가 되다'가 있어요. '녹초가 되다'는 원래 '녹은 초처럼 되어 흐물거리거나 보잘것없이 된 상태'를 말하는데요. 관용어로 '힘을 못 쓰고 늘어진 상태, 피곤해서 힘이 빠진 상태'를 말할 때 쓰인답니다.

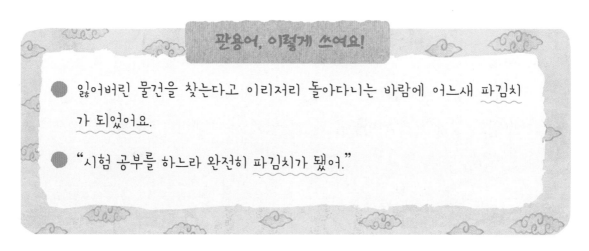

관용어, 이렇게 쓰여요!

● 잃어버린 물건을 찾는다고 이리저리 돌아다니는 바람에 어느새 파김치가 되었어요.

● "시험 공부를 하느라 완전히 파김치가 됐어."

다윗과 골리앗의 싸움

다윗 왕이 소년이었을 때 일이었어요. 그 무렵 유대인 군대는 블레셋인의 군대와 길고 긴 지루한 싸움을 벌이고 있었죠. 어느 날 다윗은 형에게 물건을 전해 주기 위해 전투가 벌어지고 있는 곳으로 가게 되었어요. 다윗이 도착해서 보니 한 블레셋 전사가 쩌렁쩌렁 큰 목소리로 유대인들을 비웃고 있었답니다.

"나와 봐라, 나와 봐! 나와 싸워 볼 전사가 한 명도 없단 말이냐? 이 겁쟁이 유대인 녀석들 같으니라고! 내가 너희들을 모두 죽여 주마!"

그 블레셋 전사는 골리앗이라는 전사였어요. 골리앗은 2미터가 넘는 키의 거인이었지요. 다윗이 형에게 물어보니 골리앗은 매일같이 일대일 대결을 신청해 유대인 군사들을 죽였다고 했죠. 그래서 이젠 아무도 나서는 사람이 없게 된 거예요.

"내가 대결을 신청하겠다!"

다윗이 골리앗의 앞으로 나서며 말했어요. 아직 어린 소년인 다윗을 본 골리앗은 어이가 없었죠. 하지만 대결은 대결이기에 골리앗은 코웃음 치면서도 칼을 들었어요. 다윗은 가죽 끈과 돌멩이 다섯 개를 준비했어요. 그리고 돌멩이 하나를 가죽 끈으로 묶었지요. 그런 다음 갑옷도 입지 않고 골리앗 앞에 섰어요. 돌을 매단 가죽 끈을 빙빙 빠르게 돌리던 다윗은 골리앗의 머리를 향해 돌을 던졌어요. 돌은 골리앗의 머리에 정확히 명중했지요. 이마가 깨진 골리앗은 충격에 쿵, 쓰러졌어요. 다윗은 이 틈을 놓치지 않고 칼로 골리앗의 머리를 베어 버렸답니다.

오늘날 '다윗과 골리앗의 싸움'이라는 말은 도저히 이길 수 없는 싸움을 이겼을 때의 비유로 자주 사용된답니다.

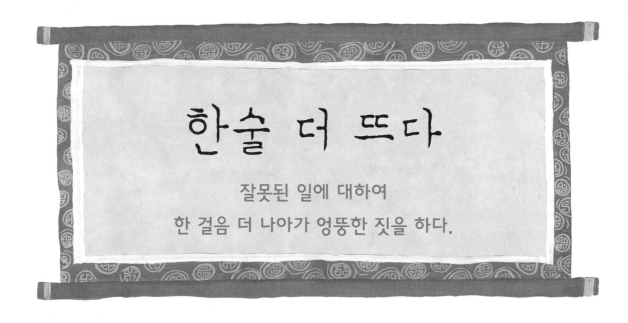

한술 더 뜨다

잘못된 일에 대하여
한 걸음 더 나아가 엉뚱한 짓을 하다.

일화 상소쟁이 강응룡

옛날 조선 시대에 강응룡이라는 사람이 살았어요. 그는 상소를 올리는 것을 무척 좋아했어요. 상소는 임금님에게 글을 올리는 일을 말해요. 강응룡은 글솜씨는 그다지 뛰어나지 않았지만 성품이 괴팍해서 상소를 올리는 일을 직업으로 삼다시피 했지요.

그는 상소를 올릴 때 반드시 방백을 통해 올렸어요. 방백은 조선 시대에 둔, 각 도의 으뜸 벼슬을 말하는 것이랍니다. 강응룡은 꼭 중요한 일만 상소를 올리는 게 아니라 아주 사소한 일까지도 상소를 올렸는데요. 때문에 방백들은 하나같이 그의 상소문 받기를 꺼렸어요.

"아 진짜! 강응룡, 또야 또? 진짜 지겹다, 지겨워!"

　강응룡은 방백이 자기의 상소문을 받길 꺼리는 것 같으면 한술 더 떠 방백이 타고 가는 가마채를 잡아 흔들거나 말고삐를 붙들고 실랑이를 벌이기 일쑤였어요. 때문에 강응룡이 "진주 고을 강응룡의 상소문이오!" 하고 외치면 그 어떤 방백도 뿌리치기 힘들었답니다.

　이렇게 별거 아닌 일에도 상소문을 써서 올리기 때문에 그의 상소문은 임금님에게 전해지기도 전에 방백의 손에서 버려지고 말았는데요. 그의 상소가 딱 한 번 제대로 받아들여진 적이 있었답니다.

　강응룡의 상소는 성균관 유생들의 생활에 아주 큰 변화를 가져왔어요. 성균관에서 공부하는 유생들은 대략 300명 정도의 큰 규모를 이루고 있었는데요. 전부 과거에 오른 유생들이어서 나라에서도 후한 대접을 했답니다. 식탁에 호화로운 소고기 반찬이 오를 정도였죠. 그러다 보니 이 유생들이 먹을 음식을 준비하는 무리가 옳지 못한 이득을 보고 있었어요. 소를 싼값에 사들인 후, 터무니없는 비싼 값을 받고 소고기를 팔았던 거예요.

"아니, 이게 대체 뭐하는 짓들이란 말이지?"

이 사실을 알게 된 강응룡은 화가 났어요. 성균관 유생들의 반찬으로 진주의 귀중한 소들이 죽어 나가는 것도 기분 나쁘고, 비싼 고기반찬을 전부 나랏돈으로 그들에게 제공한다는 것도 못마땅했어요.

"이런 일에 가만 있는 건 도리가 아니지. 상소를 올려야겠어!"

강응룡은 비장한 각오로 붓을 들어, 상소문을 막힘없이 써내려 갔지요.

< 많은 소들이 죽어 나가는 것은 당연히 막아야 하는 일이옵고, 항상 청렴해야 할 유생들이 호화로운 음식을 먹는 것도 옳지 않은 일이옵니다.>

◎ 우리는 이미 정해진 상황에서 벗어나는 친구들을 보고 '한술 더 뜬다'며 엉뚱하다고 얘기해요. 하지만 엉뚱한 행동을 하는 친구들이 세상을 바꿀 수도 있어요. 전구를 발명한 과학자 에디슨도 병아리를 부화시키겠다며 밤새 달걀을 품는 엉뚱한 행동을 했다잖아요?

관용어, 이렇게 쓰여요!

● 선생님은 숙제도 안 해 오고 한술 더 떠 거짓말까지 하는 학생 때문에 속상했어요.

● "내 말을 무시하는 것도 모자라 한술 더 떠 나를 놀리기까지 하다니, 정말 너무해!"

조선 최고의 국립 교육기관, 성균관

　　성균관은 지금으로 보자면 미래에 관리가 될 자들을 교육시키는 조선의 국립 대학이었다고 할 수 있어요. 원래 성균관은 고려 말부터 있었다고 전해져요.

　　이 성균관에 들어오려면 과거 시험 지망생들은 먼저 소과(작은 과거)라는 첫 시험에 합격해야 해요. 그런 다음 성균관에 들어와 지내면서 대과(큰 과거)를 준비하죠. 조선의 관리가 되기 위해서는 꼭 이 대과 시험을 통과해야 하는데요. 이건 굉장히 어려운 일이었답니다. 조선의 과거 시험 중 정기적인 과거는 3년에 한 번씩 치르는데 대과에서 최종 합격생이 33명에 불과했대요. 물론 비정기적인 과거도 있고 성균관에 들어가지 않아도 대과를 치를 수 있었지만 성균관에 들어와 대과를 준비하는 게 선호되었다고 해요.

　　성균관의 가장 큰 특징은 이곳이 학교이자 사당이었다는 거예요. 사당은 죽은 사람의 위패를 모시고 제사를 지내는 곳을 말하는데요. 중국에서 유래된 관습이긴 하지만, 여기엔 유교의 교육 철학이 담겨 있답니다. 유교에서 말하는 가장 좋은 교육은 훌륭한 스승을 닮는 것인데요. 유교의 최고 스승인 공자님과 공자님의 제자들 그리고 선배 유학자들은 이미 돌아가신 분들이었죠. 그래서 그들을 기억하고 기리기 위해 사당에 모셔 놓고 제사를 지냈던 것이랍니다.

　　성균관의 기숙사 앞에는 밟고 올라설 수 있는 네모반듯한 돌이 하나 있어요. 이 돌이 무엇이냐 하면요, 유생들이 시험 성적이 잘 안 나왔을 때 자기 자신을 꾸짖기 위해 이용하던 돌이랍니다. 유생들은 이 돌 위에 올라가서 스스로 자신의 종아리를 때렸다고 해요. 누가 시켜서 하는 공부가 아닌, 진짜 자율 학습을 실천하는 모습이라고 할 수 있겠죠?

인물 일화로 보는 교과서 관용어

귀가 번쩍 관용어, 무릎을 탁! 국어왕

글 김현영 ｜ **그림** 여기
펴낸날 2014년 7월 10일 초판 1쇄, 2022년 11월 10일 초판 6쇄
펴낸이 김상수 ｜ **기획·편집** 이성령, 권정화, 전다은 ｜ **디자인** 문정선, 조은영 ｜ **영업·마케팅** 황형석, 임혜은
펴낸곳 루크하우스 ｜ **주소** 서울시 서초구 사임당로 50 해양빌딩 504호 ｜ **전화** 02)468-5057 ｜ **팩스** 02)468-5051
출판등록 2010년 12월 15일 제2010-59호
www.lukhouse.com cafe.naver.com/lukhouse

ISBN 979-11-5568-036-0 63710

※ 잘못된 책은 구입처에서 바꾸어 드립니다.
※ 값은 뒤표지에 있습니다.

상상의집은 (주)루크하우스의 아동출판 브랜드입니다.